JN074536

ケースでわかる

売り手からみた
M&A・
組織再編の
会計実務

EY新日本有限責任監査法人 編

中央経済社

はじめに

　2000年代から日本企業によるM&Aの件数は急激に増加し，今やM&Aは企業の成長戦略の1つとなっています。

　企業を取り巻く経営環境や産業構造は，人口構造の変化，気候変動や資源不足等の環境問題，人工知能やIoT等のテクノロジーの進化などのメガトレンドに加え，近年では新型コロナウイルスによる社会変化，地政学的リスク，急激なインフレや為替変動により将来の不確実性が高まっています。

　このような中，企業は，持続的な成長を実現するために経営資源の適切な配分が求められており，事業ポートフォリオの見直しを適時に進めていくことが必要です。しかしながら，日本企業の多くは，事業や子会社の売却に係る社内基準が明確でないことや規模の縮小に経営者が消極的であること等から，M&Aの実行と比較してまだまだ事業ポートフォリオの見直しは進んでいないといわれています。

　事業ポートフォリオの中に低採算事業やサービスを抱えたままでいることは，経営資源の有効利用を阻害することとなり，成長はおろか足枷にもなりかねません。また，収益性の高い事業であっても，企業の中長期的な経営戦略と異なる位置付けにある場合，コア事業に積極的に投資を行うために，その事業はノンコア事業として事業ポートフォリオの見直し対象になることも考えられます。

　企業の持続的な成長と中長期的な企業価値の向上に資するため，2020年に経済産業省から公表された「事業再編実務指針」では，事業の切り出しを円滑に実行するための実務上の工夫が示されました。

　M&Aを繰り返してきた一部の企業では，事業ポートフォリオを見直し，グループ内部の組織再編に着手する動きも見られ，ノウハウや技術を結集し競争力を高めるための統合型の再編，コア事業の強化や成長事業・新規事業への投資に経営資源を集中させるためのノンコア事業や子会社を売却する分離型の再編を進めています。

M&Aや組織再編会計に関する書籍は多数ありますが，その多くは買い手側に焦点を当てたものであり，売り手側の視点で書かれたものは多くありません。

本書では，事業や子会社の分離を検討する方々を対象に，売り手側の会計処理に焦点を当ててわかりやすく解説しています。

§1では，事業分離会計の基本概念である投資の「清算」と「継続」について解説するとともに，同類のスキームであっても対価等の相違点があることによって会計処理にどのような違いが生じるのかを解説しています。次に，§2では，事業を切り出す手法である「カーブアウト」における会計上の留意点および会計処理のポイントを解説しています。最後に，§3では，子会社を売却する際の会計処理について，なるべく多くのケースを取り上げ，設例を通じて会計処理のポイントをわかりやすく解説しています。

事業譲渡や子会社売却などによる事業ポートフォリオの見直しは，経営資源の有効活用や急激な変化への対応のため，今後も増加することが見込まれます。本書が経理実務に携わる皆様や，事業や子会社の分離を検討されている経営企画部門等の皆様の業務の一助となれば何よりの喜びです。

最後になりますが，本書における企画段階から出版に至るまですべてにおいて，中央経済社の末永芳奈氏にはさまざまなご尽力をいただきました。心より御礼申し上げます。

2023年3月

EY新日本有限責任監査法人

中川　寛将

目　　次

§3　子会社の分離・売却の会計実務

ケース（単体＋連結）

【ケース早見表】

ケース	スキーム	取引内容	対価	頁
1	事業譲渡	子会社が分離先企業	現金等の財産のみ	62
2	事業譲渡	関連会社が分離先企業	現金等の財産のみ	66
3	事業譲渡	子会社・関連会社以外が分離先企業	現金等の財産のみ	70
4	会社分割	分離先企業が新たに子会社となる	株式のみ	73
5	会社分割	分離先企業が関連会社から子会社となる	株式のみ	79
6	会社分割	分離先企業が子会社で追加取得	株式のみ	85
7	会社分割	分離先企業が新たに関連会社となる	株式のみ	90
8	会社分割	分離先企業が追加取得により関連会社となる	株式のみ	95
9	会社分割	分離先企業がすでに関連会社で追加取得後も引き続き関連会社	株式のみ	100
10	会社分割	分離先企業が子会社・関係会社以外となる	株式のみ	105
11	会社分割＋株式譲渡	新設分割により設立した子会社株式の譲渡	株式＋現金等の財産	108
12	会社分割＋株式譲渡	分離先企業に対する継続的関与	株式＋現金等の財産	111
13	現物出資	オフバランスの無形資産を現物出資	株式のみ	114
14	合併	被結合企業が子会社⇒結合後企業も子会社	現金等の財産のみ	118
15	合併	被結合企業が子会社⇒結合後企業が関連会社	現金等の財産のみ	126

ケース	スキーム	取引内容	対価	頁
16	合併	被結合企業が子会社⇒結合後企業が子会社・関連会社以外	現金等の財産のみ	133
17	合併	被結合企業が関連会社⇒結合後企業が子会社・関連会社以外	現金等の財産のみ	138
18	合併	被結合企業が子会社・関連会社以外⇒結合後企業も子会社・関連会社以外	現金等の財産のみ	143
19	合併	被結合企業が子会社⇒結合後企業も子会社	株式のみ	146
20	合併	被結合企業が子会社⇒結合後企業が関連会社	株式のみ	154
21	合併	被結合企業が子会社⇒結合後企業が子会社・関連会社以外	株式のみ	162
22	合併	被結合企業が関連会社⇒結合後企業も関連会社	株式のみ	168
23	合併	被結合企業が関連会社⇒結合後企業が子会社・関連会社以外	株式のみ	176
24	合併	被結合企業が子会社・関連会社以外⇒結合後企業も子会社・関連会社以外	株式のみ	182
25	合併	被結合企業が関連会社⇒結合後企業が子会社	株式のみ	185
26	合併	被結合企業が子会社・関連会社以外⇒結合後企業が関連会社	株式のみ	194
27	株式譲渡	現物配当による完全子会社のスピンオフ		201
28	株式交換	株式交換による非支配株主の排除		204
29	株式交換	グループ外企業との株式交換による子会社の非連結化		208
30	合併	合併による非支配株主の排除		213

【凡例】

法令，会計基準等の名称	略称
会社法	会
会社計算規則	会計規
会社法施行規則	会施規
法人税法	法法
企業会計基準第21号「企業結合に関する会計基準」	企業結合会計基準
企業会計基準第7号「事業分離等に関する会計基準」	事業分離会計基準
企業会計基準適用指針第10号「企業結合会計基準及び事業分離等会計基準に関する適用指針」	企業結合・事業分離適用指針
会計制度委員会報告第7号「連結財務諸表における資本連結手続に関する実務指針」	資本連結実務指針
企業会計基準第22号「連結財務諸表に関する会計基準」	連結会計基準
企業会計基準第16号「持分法に関する会計基準」	持分法会計基準
会計制度委員会報告第9号「持分法会計に関する実務指針」	持分法実務指針
企業会計基準適用指針第26号「繰延税金資産の回収可能性に関する適用指針」	繰延税金資産回収可能性適用指針
「固定資産の減損に係る会計基準」（企業会計審議会）	減損会計基準
企業会計基準適用指針第6号「固定資産の減損に係る会計基準の適用指針」	減損会計適用指針
「固定資産の減損に係る会計基準の設定に関する意見書」（企業会計審議会）	減損意見書
企業会計基準第10号「金融商品に関する会計基準」	金融商品会計基準
会計制度委員会報告第14号「金融商品会計に関する実務指針」	金融商品会計実務指針
企業会計基準適用指針第1号「退職給付制度間の移行等に関する会計処理」	退職給付制度間の移行等に関する会計処理

§1

事業分離・売却のスキーム

　事業分離会計において，事業分離によって過去の投資が「継続」となるのか「清算」となるのかによって会計処理が大きく異なります。

　また，事業分離には，その目的に応じてさまざまなスキームがあり，対価の種類も複数あるため，取りうるパターンが多数となり，会計処理にも相違点があります。

　会計処理は，選択されたスキームを実行した際の会計基準や経済的実態に応じて行われます。そのため，スキームを選択・実行する前に，実行後の会計処理を検討しておくことが大切です。

　本セクションでは，事業分離会計の基本概念である投資の「継続」，「清算」について解説するとともに，同類のスキームであっても対価等の相違点があると会計処理にどう違いが生じるのかについて，そのポイントを解説します。

1 事業分離に関する会計処理の考え方

1 はじめに

　企業は，経営の合理化，選択と集中，リストラクチャリングなどのさまざまなことを目的として，会社分割，事業譲渡，現物出資などの形式により，保有する事業を外部に移転することがあります。また，同様の目的により，傘下会社を外部に売却することがあります。

　このような事業の移転や傘下会社の売却が行われた際の売り手の会計処理については，それぞれ事業分離における分離元企業の会計処理および企業結合における被結合企業の株主の会計処理として，事業分離会計基準に定めがあります。

　なお，事業分離会計基準においても言及されていますが，事業分離における分離元企業と，100％子会社を被結合企業とする企業結合における被結合企業の株主（親会社）とでは，経済的効果が実質的に同じであることから，両者の会計処理を整合的なものとすることが適当と考えられています。

事業分離では，分離元企業が100％支配する事業を分離先企業に移転し，分離先企業から対価を受け取る。

実質的に同じ

100％子会社を被結合企業とする企業結合では，被結合企業の株主（親会社）が被結合企業（100％子会社）の株式所有を通じて100％支配する事業を結合企業に移転し，その結合企業から対価を受け取る。

　また，被結合企業の株主が親会社である場合には，被結合企業の株式をすべて保有しているとき（被結合企業が100％子会社の場合）でも，すべては保有

していないとき（被結合企業が100％子会社以外の子会社の場合）でも整合的な会計処理とすることが適当と考えられています（事業分離会計基準73）。

　したがって，事業を移転する際の移転元の会計処理（以下，本節において「事業分離における分離元企業の会計処理」という）と，傘下会社を他社へ売却した際の売却元の会計処理（以下，本節において「企業結合における被結合企業の株主の会計処理」という）とは，基本的に同じ考え方に沿って行われることになります。

2 　分離元企業の会計処理と被結合企業の株主の会計処理の考え方（一般的な取引における会計処理の考え方）

　分離元企業の会計処理または被結合企業の株主の会計処理を考えるに際して，まず，一般的な取引における会計処理を見てみましょう。ここでは，商品販売業における商品の販売を例にとって考えます。商品販売業における商品への投資，つまり商品を仕入れることは，企業が事業を通じて成果を得ることを目的に行う投資であり，一般に「事業投資」といわれます。

　商品の販売に係る支払対価が現金および現金同等物の場合，通常，販売者側には売却損益が計上され，購入者側には棚卸資産が計上されます。会計上の用語に言い換えると，販売者側においては商品に対する「投資の清算」に該当することになり，購入者側においては商品に対する「新規の投資」に該当することになります。

　一方で，商品の販売に係る支払対価が現金および現金同等物以外の財（例えば，販売したものとは異なる商品を受け取ったなど）の場合，通常，販売者側も購入者側も交換の会計処理として，その実態に応じて受け取った財の計上額や損益計上の要否を判断することになります。会計上の用語に言い換えると，販売者側と購入者側のそれぞれにおいて商品に対する「投資の清算」に該当するのか，「投資の継続」に該当するのかを判断することになります。

　このように，一般的な取引では，支払対価が現金および現金同等物の場合には，比較的単純に会計処理を考えることができますが，支払対価が現金および現金同等物以外の財の場合，つまり交換取引の場合には「投資の清算」なのか

「投資の継続」なのかの判断が必要になります。

　会計理論上は，投資が継続しているのか清算されたのかは，必ずしも投資が実際に続いているのか終了したのかにはよらないと考えられています。通常，投資が継続している場合には損益が計上されることはないと考えられる一方で，投資が清算された場合には損益が計上されると考えられるため，投資が継続しているのか清算されたのかは，その投資から損益が計上されるか否かと表裏一体の関係であると考えられます。

　この点，損益が計上されるか否かは，伝統的には，実現主義の考え方に従って判断することとされ（「企業会計原則」第二・一Aただし書き），近年では，企業会計基準委員会より公表されている討議資料「財務会計の概念フレームワーク」において示された「投資のリスクからの解放」という概念も参考になると考えられます。投資の成果がリスクから解放されるというのは，投資にあたって期待された成果が事実として確定することとされていますが，商品販売業における商品への投資などの事業投資については，事業のリスクに拘束されない独立の資産を獲得したとみなすことができるとき，より具体的には，一連の営業過程のうち販売が完了した段階，すなわち財やサービスを引き渡し，その見返りに営業債権を取得した段階を指すと考えられています（「不動産の売却に係る会計処理に関する論点の整理」（企業会計基準委員会）41）。ただし，事業のリスクに拘束されない独立の資産の獲得は，必ずしも現金や営業債権の取得を意味するわけではなく，将来の環境変化や経営者の努力によって成果の大きさが左右されなくなった場合なども該当すると考えられます。このため，商品販売業において，支払対価が現金および現金同等物以外の財の場合，つまり交換取引の場合には，その実態を把握し，投資から得られる成果がどのように変化したのかなどに基づき，「投資の継続」なのか「投資の清算」なのかを判断することになると考えられます。

3 ┃ 損益を認識するかどうかの判定

　分離元企業における事業への投資や，被結合企業の株主における被結合企業への投資は，上述の商品販売と同様に，事業投資の性質を有すると考えられま

す。このため，分離元企業や被結合企業の株主の会計処理についても，同様に「投資の継続」，「投資の清算」という考え方に基づき，検討を行うことになります。

「投資の継続」，「投資の清算」を判断し，会計処理を実施するためには，具体的に明確な事実として観察することが可能であるという要件が必要となりますが，事業分離会計基準では，この観察可能な具体的要件として，対価と移転した事業または引き換えられた株式とを比較してその性質が異なるかどうかという「対価の種類」を定めています（事業分離会計基準75）。

　具体的には，例えば分離元企業が移転した事業と明らかに異なる財産である現金を対価として受け取った場合には，通常，投資が清算されたとみなされ，移転損益が認識されます。一方で，子会社株式や関連会社株式を対価として受け取った場合には，その株式を通じて移転した事業と引き続き関係を有することとなることから，投資が継続しているとみなされ，移転損益は認識されません。これは，移転した事業と受け取った対価とを比較して性質が異なるかどうかにより投資の清算または継続が判断され，会計処理が変わるということを意味しています。

　性質が異なるという点については，より詳細には以下のように考えられます。

　通常，事業や傘下会社に対する投資は事業投資であると考えられるため，移転した事業や引き換えられた傘下会社の株式は事業投資としての性質を有すると考えられます。このため，受け取った対価が事業投資としての性質を有しないと考えられる場合（例えば現金の場合）には，通常，対価と移転した事業または引き換えられた株式とはその性質は異なると考えられます。その一方で，受け取った対価が事業投資としての性質を有すると考えられる場合（例えば子

会社株式や関連会社株式の場合）には，通常，対価と移転した事業または引き換えられた株式とはその性質は異ならないと考えることができます。なお，傘下会社に対する投資が金融投資と事業投資の中間的な性格を有する場合（投資をその他有価証券として保有している場合）においても，引き渡した傘下会社に対する投資と受け取った対価の投資の性質を比較して「投資の継続」，「投資の清算」を判断することになります。

	投資の継続	投資の清算
判断のポイント	子会社株式や関連会社株式となる分離先企業の株式のみを対価として受け取る場合	現金など，移転した事業と明らかに異なる資産を対価として受け取る場合
会計処理のポイント	事業分離や株式の交換によっても投資の清算と再投資は行われていないとみるため，移転や交換直前の帳簿価額がそのまま投資原価となり，移転損益を認識しない。	事業分離時点や交換時点での時価が新たな投資原価となり，移転損益を認識する。

　ただし，現金を対価とする事業分離であっても，例えば買戻しの条件が付されている事業分離のように継続的関与があり，それが重要であることにより移転した事業に係る成果の変動性を従来と同様に負っていると考えられる場合には移転損益を認識することはできないと考えられます。
　一方で，一般的な売却や交換と同じように，分離先企業の株式を子会社株式または関連会社株式として保有していることから，連結上は移転した事業に係る成果の変動性を従来と同様に負っていても，個別上は，それ以外に分離元企業の重要な継続的関与がなく，現金等の財産を受け取る場合には，移転損益を認識することになります。なお，重要な継続的関与があるため，受取対価に現金を含むものの移転損益を認識しない場合には，移転した事業を裏付けとする金融取引として会計処理することとなると考えられます（事業分離会計基準76）。

2　事業分離スキームによる会計上の 相違点（事業譲渡・吸収分割）

1　事業分離スキームの種類

　売り手が社内の特定の事業を他社に移転するスキームとしては，事業譲渡と会社分割（吸収分割）の2つが挙げられます。以下，親会社の事業を他社に移転することを前提に解説します。

(1)　事業譲渡

　「事業」とは，企業活動を行うために組織化され，有機的に一体として機能する経営資源をいいます（企業結合会計基準6，事業分離会計基準3）。したがって，事業譲渡は，単なる個々の資産のみの譲渡とは異なり，事業に必要な個々の有形・無形の資産およびこれらを活用するための組織や仕組みを含む有機的に一体として機能する経営資源を譲渡するスキームです。事業譲渡は，組織法上の行為である合併や会社分割等と異なり，契約で定めた財産等を個別に移転させることができます。ただし，所有権や債務の移転について相手方の同意を得る必要があるなど債権債務関係の移転手続は煩雑になります。また，事業譲渡の対価は原則として通常は現金であるため，売り手は事業譲渡により資金を得ることができます。

　以下の相違点においては，原則として現金等の財産を対価とする事業譲渡を前提として記載しています。

(2)　吸収分割

　吸収分割とは，会社の事業の全部または一部を他の会社に包括的に継承させることによって会社を複数の会社に分割する会社分割の一種であり，事業を継承させる他の会社（分割承継会社）が既存の会社である場合をいいます。会社

分割に際しては，事業譲渡と異なり債権者・債務者から個別の同意を得る必要はありませんが，分割に関して株主総会の特別決議が必要となります。

　なお，会社分割のスキームの中には吸収分割のほか，分離する事業を新たに設立する会社（子会社）に承継する新設分割があり，さらに，新設分割を行った後に外部に株式譲渡を行うスキームも存在します。また，会社分割の種類として，分離する事業の対価を分割会社の株主が受け取る分割型分割と分割会社自身が受け取る分社型分割の2種類があります。まとめると以下の表のようになります。

【会社分割の分類】

	分割承継会社	
	既存の会社	新設会社
対価を分割会社が受領	分社型吸収分割	分社型新設分割
対価を分割会社の株主が受領	分割型吸収分割	分割型新設分割

2 ｜ 個別財務諸表上の会計処理における相違点

　①で記載した2つの事業分離スキームのいずれを利用するかによって，個別財務諸表の会計処理は異なります。さらに，同じ事業分離スキームを利用した場合でも，企業集団内で行われる場合と独立した企業間で行われる場合とで，個別財務諸表上の会計処理は異なります。

　具体的には，親会社と子会社の合併や子会社同士の合併等のように，移転する事業が事業分離スキームを行う前後で同一の株主により最終的に支配されており，その支配が一時的ではない場合には「共通支配下の取引」と判定されます（企業結合会計基準16）。一方，独立した企業間で行われる事業分離スキームによって，ある企業が他の企業を構成する事業に対する支配を獲得する場合には「取得」と判定されます（企業結合会計基準9）。

　なお，独立した企業間で行われる事業分離スキームの中には，複数の独立した企業が契約書等に基づき，共同で支配される企業を形成する場合（「共通支

配企業の形成」）が考えられます（企業結合会計基準11参照）が，一般的には稀なケースであることから，以下の相違点においては「取得」と判定された場合と「共通支配下の取引」と判定された場合を前提として記載しています（「共同支配企業の形成」と判定された場合の会計処理についてはコラム1参照）。

(1)　事業分離スキームが「取得」と判定された場合

　事業分離が「取得」と判定された場合の各スキームの売り手の個別財務諸表上の会計処理は，分離事業に対する受取対価および事業の移転先企業との資本関係によって異なります。売り手が対象事業を分離するにあたっては，対象の事業を移転することに伴う損益を認識するかどうかが検討ポイントになります。事業分離会計基準においては，一般に事業の成果をとらえる際の投資の継続・清算という概念に基づいて移転損益の認識の有無を判定しており，移転した事業に関する投資が清算されたとみる場合には移転損益を認識し，投資が継続しているとみる場合には移転損益は認識しません（事業分離会計基準74）。

　事業譲渡や対価を現金等の財産とする吸収分割の場合，移転する事業と明らかに異なる現金等の財産を対価として受け取っているため，投資が清算されたとみなされます（事業分離会計基準10(1)）。したがって，移転事業の株主資本相当額と売り手が受け取った現金の差額を移転損益として認識することとなり，売り手が事業の移転先企業と継続的関係があったとしても移転損益は認識されます（企業結合・事業分離適用指針95〜96）。ただし，一般的な売却や交換と同じように，次のような事業の移転先企業の重要な継続的関与によって，売り手が移転した事業に係る成果の変動性を従来と同様に負っている場合には移転損益を認識することはできないことに留意する必要があります（企業結合・事業分離適用指針96(1)）。

> ①　移転した事業に対し買戻しの条件が付されている場合
> ②　移転した事業から生じる財貨またはサービスの長期購入契約により当該事業のほとんどすべてのコスト（その事業の取得価額相当額を含む）を負担する場合

　一方，移転事業の対価を株式とする吸収分割のうち，事業の移転先企業が売り手の子会社または関連会社として資本関係が継続または新たに生ずることとなる場合には，移転した事業に関する売り手の投資が継続しているとみなされ

ることとなるため，売り手が受け取った移転先企業の株式の取得原価は，移転事業に係る株主資本相当額に基づいて算定することになり，移転損益を認識することはできません（企業結合・事業分離適用指針98〜102）。

　ただし，事業の移転先企業が売り手の子会社または関連会社以外となる場合には，移転した事業に関する売り手の投資は清算されたものとみなされるため，原則として移転損益を認識します（企業結合・事業分離適用指針103）。

【「取得」と判定された場合の各スキーム別の移転損益の認識の有無】

	事業譲渡	吸収分割	
受取対価	現金等の財産	現金等の財産	株式
移転先企業			
子会社	－（※）	－（※）	×
関連会社	○	○	×
上記以外	○	○	○

（※）　受取対価を現金等の財産のみとする子会社に対する事業譲渡，吸収分割は，共通支配下の取引として扱われる（企業結合・事業分離適用指針95）。

(2) 事業分離スキームが「共通支配下の取引」と判定された場合

　親会社の事業を子会社に譲渡する場合等，売り手の事業の移転が「共通支配下の取引」と判定された場合，原則的には売り手の投資は継続しているとみなされるため，受け取る対価の取得原価は，移転事業に係る株主資本相当額に基づいて算定し，移転損益は認識されません（企業結合・事業分離適用指針226）。しかしながら，事業譲渡や現金等の財産を対価とする吸収分割の場合には，「共通支配下の取引」と判定された場合であっても，子会社等から受け取った現金等の財産を移転前に付された適正な帳簿価額で計上し，その価額と移転事業に係る株主資本相当額との差額は，原則として移転損益として認識します（企業結合・事業分離適用指針223）。

　また，共通支配下の取引の場合，子会社への事業移転に伴って対価を受け取らないケースもありえますが，この場合，分割型吸収分割の処理に準じて，移転する事業に係る資産および負債に対応する株主資本相当額を減少させること

になります（企業結合・事業分離適用指針203-2(2)①，233，446）。この際に変動させる株主資本の内訳は，取締役会等の会社の意思決定機関において定められた額となります（企業結合・事業分離適用指針233(2)，446）。

【共通支配下の取引における各スキーム別の移転損益の認識の有無】

	事業譲渡	吸収分割
現金等の財産を対価	○	○
株式を対価	－	×
無対価（※）	×	×

（※）　移転事業に係る資産および負債に対応する株主資本が変動するため，売り手の個別財務諸表上の総資産および純資産に影響あり。

3 連結財務諸表上の会計処理における相違点

　②で記載したとおり，個別財務諸表上の会計処理が各スキームによって異なるため，連結財務諸表上の会計処理においても，移転事業に対する受取対価や事業の移転先企業との資本関係によって異なります。

(1) 事業分離スキームが「取得」と判定された場合

　対価が現金等の財産である場合，事業譲渡，吸収分割のいずれのケースにおいても，個別財務諸表上，移転先企業にかかわらず売り手側で移転損益が認識されます（②(1)参照）。しかし，連結財務諸表の観点からは，事業の移転先が売り手の関連会社である場合，個別財務諸表で認識した移転損益は持分法会計基準における未実現損益の消去に準じて投資の額に加減されます（企業結合・事業分離適用指針96(2)）。

　一方，対価を株式とする吸収分割の場合，個別財務諸表上は売り手側で移転損益は認識されませんが，事業の移転先企業が売り手の子会社または関連会社となる場合，連結財務諸表の観点からは移転した事業に対する売り手（親会社）の持分が減少し，移転先企業の株式を取得することによって移転先企業に対する売り手（親会社）の持分が増加するため，各々について以下の会計処理

が必要になります。

① 移転事業に対する売り手（親会社）持分の減少

　移転事業に対する売り手（親会社）持分の減少においては，連結財務諸表上，以下の差額を親会社の持分変動による差額とし，移転先企業が新たに子会社となる場合には資本剰余金として計上し，関連会社となる場合には持分変動差額として特別損益に計上します（企業結合・事業分離適用指針98(2)①，100(2)①）。

> ア　移転事業に係る売り手（親会社）の持分の減少額（移転事業に係る株主資本相当額に移転した事業に係る減少した親会社の持分比率を乗じた額）
> イ　親会社の事業が移転されたとみなされる額（移転した事業の事業分離直前の時価に移転した事業に係る減少した親会社の持分比率を乗じた額）

② 移転先企業に対する売り手（親会社）持分の増加

　移転先企業に対する売り手（親会社）持分の増加においては，連結財務諸表上，以下の差額をのれん（または負ののれん）として計上します（企業結合・事業分離適用指針98(2)②，100(2)②）。

> ウ　移転先企業に対して投資したとみなされる額（移転先企業の事業分離直前の時価に事業分離により増加する親会社の持分比率を乗じた額であり，①イの金額と同額）
> エ　上記ウに対応する移転先企業の事業分離直前の資本（移転先企業の企業結合日における識別可能資産および負債の時価に事業分離に関して生じた親会社の持分比率を乗じた額）

　なお，事業移転前に売り手が移転先企業の株式を保有していた場合には，上記ウの金額については以下の点に留意する必要があります。

☑　事業移転により新たに売り手の子会社となる場合，上記ウの金額に売り手が保有していた移転先企業の株式の移転日の時価を加算して算定します。その時価と適正な帳簿価額との差額（売り手が移転先企業の株式をその他有価証券として保有していた場合）またはその持分法による評価額との差額（売り手が移転先企業の株式を関連会社株式として保有していた場合）は，当期の段階取得に係る損益として処理されます（企業結合・事業分離

適用指針99(2)①，46-2)。

☑　事業移転により新たに売り手の関連会社となる場合，上記ウの金額に，事業分離前に売り手がその他有価証券として保有していた移転先企業の株式の帳簿価額を加算して算定されます（企業結合・事業分離適用指針101(1)）。

【「取得」と判定された場合の各スキームの連結調整】

受取対価	事業譲渡	吸収分割	
	現金等の財産	現金等の財産	株式
移転先企業			
子会社	－（※）	－（※）	●のれんおよび資本剰余金計上
関連会社	●移転損益消去（投資の額に加減） ●持分法適用	●移転損益消去（投資の額に加減） ●持分法適用	●のれんおよび持分変動差額計上 ●持分法適用
上記以外	－	－	－

（※）　受取対価を現金等の財産のみとする子会社に対する事業譲渡，吸収分割は，共通支配下の取引として扱われる（企業結合・事業分離適用指針95）。

(2)　事業分離スキームが「共通支配下の取引」と判定された場合

　対価が現金等の財産である場合，事業譲渡，吸収分割のいずれのケースにおいても(1)「取得」と同様，個別財務諸表で認識した移転損益は，連結財務諸表上において未実現損益の消去に準じ，子会社で発生したのれんと相殺されます（企業結合・事業分離適用指針225，95）。

　対価が株式である場合，すでに売り手（親会社）は移転先の株式を子会社株式として保有していることから，事業の移転取引および子会社の増資に関する取引は連結財務諸表上，内部取引として消去することになります（企業結合・事業分離適用指針229(1)，企業結合会計基準44）。また，売り手（親会社）は吸収分割により追加取得した子会社に係る持分の増加額と移転した事業に係る親会社の持分の減少額との差額を資本剰余金に計上します（企業結合・事業分離適用指針229(2)，事業分離会計基準19(2)）。

　子会社への事業移転に伴って対価を受け取らない場合，その吸収分割によっ

ても親子会社関係は変わっておらず，移転事業に係る資産および負債の個別財務諸表上の帰属は変わったものの，企業集団の経済的実態には何ら影響はありません。したがって，事業譲渡，吸収分割のいずれの場合でも売り手（親会社）の連結財務諸表において，吸収分割における調整は必要ありません。

【共通支配下の取引における各スキーム別の連結調整】

	事業譲渡	吸収分割
現金等の財産を対価	移転損益消去 （のれんと相殺）	移転損益消去 （のれんと相殺）
株式を対価	－	資本剰余金計上
無対価	調整なし	調整なし

> ポイント ・・
>
> 移転損益の認識の有無は「投資の清算」，「投資の継続」の概念に基づいて判断し，受取対価や事業の移転先企業との資本関係によって会計処理が異なります。
> ・・

3 子会社の分離スキームと会計上の相違点（株式譲渡・吸収合併・株式交換）

1 子会社分離スキームの種類

　売り手が子会社を分離・売却する主なスキームとしては，株式譲渡，吸収合併および株式交換の3つが挙げられます。

(1)　株式譲渡
　株式譲渡は，他の会社に子会社を売却するための一般的なスキームであり，単純に株主が変更する極めてシンプルなものになります。通常，受取対価は現金等の財産となります。

(2)　吸収合併
　吸収合併は，合併により消滅する会社の権利・義務の全部を合併後存続する会社に承継させるスキームであり，その消滅する会社が有するすべての権利・義務を包括的に承継させることになります。なお，合併対価としては現金等の財産，株式，またはその両方の組み合わせが想定されます。

(3)　株式交換
　株式交換とは，子会社となる会社の株主からその会社の株式を譲り受け，代わりに親会社となる会社の株式を交付することにより，完全親会社となる会社にとって100％子会社（完全子会社）とするスキームをいいます。一般的に株式交換により完全親会社となる会社にとっては，買収のための資金を準備する必要がなく，株式交換前の子会社の株主や従業員にとっても吸収合併と異なり子会社の法人格自体は存続するため抵抗感が低い等のメリットがあります。なお，株式交換の対価は原則として株式となりますが，一部現金等の財産を対価

とするケースもあります。以下の会計処理の相違点においては，原則として株式のみを対価とする株式交換を前提として記載しています。

2 ┃ 個別財務諸表上の会計処理の相違点

上述した子会社分離に関するスキームはいずれも子会社を被結合企業とした企業結合に該当することになるため，被結合企業である子会社の株主（親会社）である売り手は，被結合企業の株主としてどのような会計処理を行うかという点がポイントになります。

この点，一般に事業の成果をとらえる際の投資の継続・清算という概念に基づき，実現損益を認識するかどうかという観点から，事業分離における分離元企業の会計処理と同様に，被結合企業の株主に係る会計処理を考えます（事業分離会計基準115，75）。

これは，事業分離における分離元企業と，100％子会社を被結合企業とする企業結合における被結合企業の株主（親会社）とでは経済的効果が実質的に同じであることから，これらの会計処理は整合的であることが適当と考えられているためです（事業分離会計基準73，122）。

したがって，各スキームの売り手の個別財務諸表上の会計処理は，事業分離のスキームと同様，分離される子会社に対する受取対価および結合後企業との資本関係によって異なります。なお，本節の子会社分離スキームは，売り手の親子関係を解消することを想定して，分離される子会社の移転先企業は，子会社，関連会社または関連会社以外の会社に該当することとします。

(1) 株式譲渡や対価を現金等の財産とする吸収合併のスキーム

株式譲渡や対価を現金等の財産とする吸収合併のスキームは，子会社株式である被結合企業の株式が現金等の財産と引き換えられた場合に該当するものとして，売り手は事業分離における分離元企業の会計処理に準じて会計処理を行うことになります（事業分離会計基準35）。すなわち，個別財務諸表上，売り手が受け取った現金等の財産は原則として時価により計上し，子会社株式の適正な帳簿価額との差額は原則として交換損益として認識します（企業結合・事

業分離適用指針269(1)，事業分離会計基準35，15，16)。

　ただし，交換した株式に対する買戻しの条件などの売り手の重要な継続的関与によって，交換した株式に係る成果の変動性を従来と同様に負っている場合には，交換損益を認識することはできないことに留意する必要があります（事業分離会計基準32，119)。

　この場合，被結合企業に関する投資がそのまま継続しているとみなされ，子会社株式と引換えに受け取る資産の取得原価は，子会社株式の適正な帳簿価額に基づいて算定されることになります。

(2)　株式交換や対価を株式とする吸収合併のスキーム

　一方，株式交換や対価を株式とする吸収合併のスキームは，子会社を被結合企業とする企業結合により，結合後企業が子会社から関連会社，または子会社から子会社や関連会社以外となる場合に該当し，売り手は事業分離における分離元企業の会計処理に準じて会計処理を行います（企業結合・事業分離適用指針275，276)。

　すなわち，結合後企業が関連会社になる場合，企業結合後も子会社に関する売り手の投資が継続しているとみなされることとなるため，交換損益は認識せず，売り手が受け取る株式の取得原価は，子会社株式に係る企業結合直前の適正な帳簿価額に基づいて算定します（企業結合・事業分離適用指針275(1)，100)。

【各スキーム別の交換損益の認識の有無】　認識する⇒○　認識しない⇒×

	株式譲渡	吸収合併		株式交換
受取対価	現金等の財産	現金等の財産	株式	株式
結合後企業				
関連会社	○	○	×	×
子会社・関連会社以外	○	○	○	○

＊　受取対価が現金等の財産の場合であっても，売り手の重要な継続的関与がある場合には認識しない。

一方，結合後企業が子会社や関連会社以外となる場合，企業結合に伴い子会社に関する売り手の投資は清算されたものとみなされるため，売り手は原則として交換損益を認識し，売り手が受け取る株式の取得原価は，その時価または子会社株式の時価のうち，より高い信頼性をもって測定可能な時価に基づいて算定します（企業結合・事業分離適用指針276(1)，103）。

3 ┃ 連結財務諸表上の会計処理における相違点

②で述べたとおり，子会社分離に関するスキームはいずれも子会社を被結合企業とした企業結合に該当することになるため，売り手側である被結合企業の株主（親会社）の連結財務諸表上の会計処理についても，事業分離における分離元企業の会計処理と同様に考えます。すなわち，結合後の企業が売り手（親会社）にとって関連会社に該当する場合には，各スキームの連結財務諸表上の会計処理は，分離される子会社に対する受取対価および結合後企業との資本関係によって異なります。

(1) 対価が現金等の財産である場合

対価が現金等の財産である場合，いずれのスキームにおいても，個別財務諸表上は②で記載したとおり売り手側で交換損益が認識されます。連結財務諸表上は，結合後の企業が売り手の関連会社である場合，個別財務諸表で認識した交換損益は持分法会計基準における未実現損益の消去に準じて投資の額に加減されます（企業結合・事業分離適用指針269(2)）。

(2) 対価を株式とする場合

一方，対価を株式とする吸収合併や株式交換の場合，結合後企業が関連会社であれば個別財務諸表上は売り手側で交換損益は認識されませんが，連結財務諸表上，事業分離における分離元企業の会計処理（企業結合・事業分離適用指針100〜102）に準じて，これまで連結していた子会社株式を持分法投資に修正するとともに，以下の会計処理を行う必要があります（企業結合・事業分離適用指針275(2)）。

①　結合企業に対する売り手（親会社）持分の増加

　結合企業に対する売り手（親会社）持分の増加においては，連結財務諸表上，以下の差額をのれん（または負ののれん）として計上します（企業結合・事業分離適用指針275(2)①）。

ア　結合企業に対して投資したとみなされる額 イ　上記アに対応する企業結合直前の結合企業の資本

②　子会社（被結合企業）に対する売り手（親会社）持分の減少

　子会社（被結合企業）に対する売り手（親会社）持分の減少においては，連結財務諸表上，以下の差額を親会社の持分変動による差額とし，持分変動差額として特別損益に計上します（事業分離適用指針275(2)②）。

ウ　子会社（被結合企業）に対する持分が交換されたとみなされる額 エ　子会社（被結合企業）に対する売り手（被結合企業の株主）の持分の減少額

　なお，上記のケースや結合後の企業が売り手（親会社）にとって連結対象会社に該当しない場合には，企業結合に伴い子会社および関連会社ではなくなるため，連結財務諸表上，子会社の支配喪失に伴う連結除外処理や持分法適用に係る処理等を行う必要があります（連結会計基準29，資本連結実務指針41，45，46）。

【各スキーム別の連結調整】

		株式譲渡	吸収合併		株式交換
受取対価		現金等の財産	現金等の財産	株式	株式
結合後企業					
	関連会社	• 交換損益消去（投資の額に加減） • 連結除外＋持分法適用	• 移転損益消去（投資の額に加減） • 連結除外＋持分法適用	• のれんおよび持分変動差額計上 • 連結除外＋持分法適用	• のれんおよび持分変動差額計上 • 連結除外＋持分法適用
	子会社・関連会社以外	連結除外	連結除外	連結除外	連結除外

> **ポイント** ··
>
> 　子会社を被結合企業とする企業結合（子会社の分離スキーム）の会計処理を行う親会社は，事業分離における分離元企業と経済的効果が実質的に同じであることから，事業分離会計基準においては，同じ効果が得られるように会計処理が定められています。
>
> ··

4 事業譲渡・株式売却における税務上の留意点

1 法人における税務上の留意点

(1) 組織再編税制

組織再編に係る税務上の取扱いを組織再編税制といい，売り手が検討するスキームとしての吸収合併や，会社分割，株式交換等もその範囲に含まれます。組織再編税制では，資産等を移転する会社（合併における被合併会社）の譲渡損益に対する課税の取扱いが重要な論点となりますが，法人税法では法人が移転する資産等の時価取引として譲渡損益を計上することが原則となっています。すなわち，被結合企業である被合併法人や分割法人など移転元（売り手）においては，移転する資産の時価による資産譲渡益が課税対象となります。

しかし，組織再編の前後で経済的実態に実質的な変更がないと考えられる場合，例えば分割型の会社分割や子会社同士の合併のように，会社分割や合併前後で同一の支配関係が継続していると認められる場合には，課税関係を継続させることが適切と考えられます。このように，組織再編税制においては，移転資産に対する支配や投資が継続しているとの一定要件を満たしていると認められる場合には，移転資産等は簿価で引き継ぐこととなり，移転資産・負債に係る譲渡損益は発生しません。

このように，組織再編税制には，税制適格要件を満たす組織再編（適格組織再編）と適格要件を満たさないその他の組織再編（非適格組織再編）があり，税務上の取扱いは以下のようになります。

種 類	移転資産・負債の評価	移転時の譲渡損益
適格組織再編	簿価による引継ぎ	発生しない
非適格組織再編	移転時の時価で評価	発生する（課税対象）

(2) 適格組織再編の要件

　売り手にとって，簿価による引継ぎができるか否かは，組織再編に係る適格要件を満たすか否かによって判断されます。この適格要件は，組織再編の形態ごとに詳細に規定されており，グループ内の組織再編（100％の持分関係がある場合と50％超の持分関係がある場合）と共同事業を行うための組織再編に分けて，金銭等不交付要件（対価要件）や完全支配関係の継続要件等といった適格組織再編となるための要件が定められています。これらの適格要件を満たす組織再編（適格組織再編）では，税務上，移転資産・負債は簿価による引継ぎが強制され，移転資産・負債に係る譲渡損益は発生しません。例えば，共通支配下の取引に該当する事業譲渡や株式を対価とする吸収分割，吸収合併は税制適格要件を満たす可能性が高いため，売り手は移転資産・負債の譲渡損益を繰り延べることができます。

　一方で，外部の第三者への事業譲渡や会社分割等の「取得」と判断される企業結合や現金を対価とする共通支配下の取引に該当するものについては適格要件を満たさず，売り手にとって時価による資産等の譲渡があったものとみなされ，譲渡損益が課税対象となります（非適格組織再編）。

　なお，非適格組織再編の場合，買い手にとっては，移転資産の支払対価と受入資産・負債の時価を超える額が税務上ののれん（資産調整勘定または負債調整勘定）として取り扱われることになり，買い手にとって損金算入の税務メリットがあるため（5年均等減額），価格交渉における重要な要素の1つになると考えられます。

2 ┃ 株主における税務上の留意点

(1) みなし配当課税

　売り手（親会社）が子会社を分離・売却する場合，対象の子会社株式が買い手に承継されることになります。子会社の分離・売却による対価として，売り手（親会社）に交付された金銭その他の資産の価額が，子会社における税務上の資本金等の額を超える場合には，その超過部分を原資とする金額はみなし配当として課税対象となります。例えば，対価を現金等の財産とする吸収合併な

どの非適格合併においては，合併法人等に移転する子会社（被合併法人等）の資産・負債が時価で引き継がれるため，売り手は譲渡損益の計上を行います。一方で，子会社（被合併法人等）の税務上の利益積立金は合併法人等に引き継がれないことから，合併対価のうち子会社（被合併法人等）の利益積立金を原資とする部分についてはみなし配当の対象になります。なお，通常の株式譲渡や適格合併についてはみなし配当課税は生じません。

(2)　株式譲渡損益課税

　株式譲渡損益課税は，株式を譲渡した際に税務上の簿価と売却価額（ただし，みなし配当部分は控除）との差額に対して課税されるものです。通常の株式譲渡のほか現金等の財産を受取対価とする吸収合併において課税されます。一方，受取対価が株式のみである吸収合併等については株主の投資の継続性が認められるため，その再編が適格か否かにかかわらず，旧株式（被合併法人等の株式）の譲渡損益を繰り延べます。

　なお，売却する子会社から売り手（親会社）への配当を行うことで生じる受取配当金について益金不算入制度を活用することにより株式譲渡益課税負担を軽減する効果があると考えられます。

(3)　グループ通算制度における留意点（離脱時の投資簿価修正）

　2022年4月1日以降に開始する事業年度からグループ通算制度が導入されました。従来から連結納税制度を適用している会社は，単体納税に変更する届け出を出している場合を除き，このグループ通算制度に移行することになります。グループ通算制度とは，法人税の計算にあたり，企業グループ内の黒字会社と赤字会社が存在する場合に，その損益を通算することにより企業グループ内の税負担額を軽減できる制度であり，国内の100％子会社が当該制度の対象になります。

　売り手がグループ通算制度適用対象の子会社をグループ外部に分離・売却する場合は，税務上，株式の譲渡価額（帳簿価額）を子会社の税務上の簿価純資産相当額に修正する必要があります。これは，100％子会社の売却に伴うグループ通算制度に係る事務負担の軽減および二重課税や二重控除の排除を目的

としており，グループ通算加入時点から生じた子会社の累積損益を子会社株式の譲渡原価に含めることにより，売却時点での譲渡損益が税務上発生しないような調整が行われることになります。なお，加入時点の子会社の純資産額を超える金額で取得した場合の超過額（非適格合併を行う場合等に生じる資産調整勘定または負債調整勘定の金額相当額（いわゆる税務上ののれん）についても，一定要件を満たす場合には，簿価純資産価額に加算して子会社株式の簿価とすることにより，譲渡原価として損金算入することができます。

　また，期中で子会社株式を売却等した場合には，売り手（親会社）の連結事業年度の開始の日から完全支配関係を有しなくなった子会社の離脱日の前日までの期間については，連結法人として単体申告を行う必要がありますが，当該期間で発生した子会社の損益や欠損金を連結上通算することはできない点に留意が必要です。

> ### ポイント
>
> 　売り手が事業や子会社を分離・売却するスキームを検討するにあたって，税務上は法人の立場としての課税と，株主の立場としての課税の両方の側面から留意する必要があります。

コラム1　「共同支配企業の形成」と判断された場合の会計処理

　独立した企業間で行われる事業分離スキームの中には，複数の独立した企業が契約書等に基づき，共同で支配される企業（共同支配企業）を形成する企業結合があり，これを「共同支配企業の形成」といいます（企業結合会計基準8，11）。

　事業分離スキームが「共同支配企業の形成」と判定されるためには，以下の要件をすべて満たしている必要があります（企業結合・事業分離適用指針175）。

(1)　共同支配投資企業（共同支配企業を共同で支配する企業）となる企業は，複数の独立した企業から構成されていること（独立企業要件）

(2)　共同支配投資企業となる企業が共同支配となる契約等を締結していること（契約要件）

(3)　企業結合に際して支払われた対価のすべてが，原則として議決権のある株式であること（対価要件）

(4)　(1)から(3)以外に支配関係を示す一定の事実が存在しないこと（その他の支配要件）

　例えば，複数の会社がそれぞれの事業を譲渡して共同で新設会社を設立する事業分離スキームが「共同支配企業の形成」と判断された場合の売り手は，その共同支配企業を共同で支配する企業（共同支配投資企業）となります。この場合，投資が継続しているという経済的実態は同じと考えられ，共同支配投資企業（売り手）は，個別財務諸表上，移転先企業である共同支配企業の株式の取得原価を移転事業にかかる株主資本相当額に基づいて算定します（企業結合会計基準39(1)，企業結合・事業分離適用指針196）。

　また，連結財務諸表の観点からは，移転先企業である共同支配企業に対する投資に対して持分法を適用します（企業結合会計基準39(1)，企業結合・事業分離適用指針197）。したがって，①移転事業に対する売り手の持分の減少の会計処理，②移転先企業に対する売り手の持分の増加については事業分離スキームが「取得」と判定された際における移転先企業が売り手の関連会社となる場合の会計処理に準じて，各々，連結財務諸表上の調整を行う必要があります。

§2

事業の分離・売却の会計実務

　事業を切り出す手法は「カーブアウト」と呼ばれます。カーブアウトでは，会計上，留意が必要な特徴的なポイントがあります。事業は法人として独立した形態ではないことから，切り出す事業に係る財務諸表は通常，作成されていません。そのため，カーブアウト財務諸表の作成が必要となります。また，切り出した後に残った事業についても会計上の影響を考慮しなければなりません。

　本セクションでは，カーブアウトにおける会計上の検討論点を解説するとともに，さまざまなケースにおける実行時の会計処理のポイントを設例を用いて解説します。

5 カーブアウト財務諸表 (P/L・B/S) の作成

1 カーブアウト財務諸表の作成目的

　カーブアウトとは，特定の事業部門を別会社に切り出す手法のことをいいます。切り出す事業の財務諸表は，その事業の買い手が対象事業の価値を検討するための非常に重要な基礎情報になることから，売り手は切り出す事業に関係する財務諸表を買い手に提示することが求められます。

　しかし，このような特定の事業単位の財務諸表は，企業単位での財務諸表のように法的に作成が求められているものではないため，企業内の一事業という単位で社内的に管理されているとは限りません。また，管理会計上，損益管理できていた場合であっても事業別のB/Sが作成されている企業は少なく，仮にB/SおよびP/L両方の事業管理がされているような場合でも，カーブアウト対象事業の範囲が管理会計上と同様の範囲となるとは限らないことから，資産や負債，損益に関する財務情報を整理し，カスタマイズした財務諸表を作成するにはかなりの時間と労力を要することになります。

2 カーブアウト財務諸表の作成プロセス

　上述したとおり，カーブアウト財務諸表は，対象事業の価値を買い手が検討する資料として客観性や正確性が求められる非常に重要な基礎情報となり，一般的には以下のようなプロセスを経て作成されます。

(1) カーブアウトの対象の特定
　カーブアウト対象として別会社に切り出す事業には，人員や資産および負債のほか取引先等との契約といった多様な構成要素が存在しており，必ずしも明

確に区分できるものではありません。例えば，対象事業の主管部門だけでなく他部門も関与兼務している従業員や共通利用している資産をどのように切り出す事業範囲として取り扱うのかを検討するためには，買い手との価格交渉の観点からは，売り手としてカーブアウト対象を明確に特定する必要があります。特定にあたっては，対象となる事業の主管部門以外にもさまざまな部門が対象事業に関連しているケースが多いため，対象事業に関連する部門や商流のフロー図，取引先との契約状況等がわかる一覧表の作成をすることが必要になります。

　また，カーブアウトの範囲によっては，人事・総務・経理といった間接業務機能やITシステム等が承継されないこともあるため，対象事業が独立した会社となった場合に生じるスタンドアロンコストを事前に把握し整理することが必要と考えられます（詳細は **6** 参照）。

(2)　対象事業範囲に関連する収益・費用の把握（カーブアウトP/Lの作成）

　特定した範囲をもとに，対象事業の主管部門のみならず関連部門で発生する収益・費用の把握をする必要があります。基本的には，社内で管理している部門別やセグメント別等の損益資料をベースに対象事業範囲に関連する収益・費用を把握し，カーブアウトP/Lを作成していくことになります。ただし，あくまで内部管理目的で作成されているため，客観性や正確性の観点からは必ずしも十分とはいえないため，カーブアウト事業の実態を適切に反映させるための必要な調整を行います。

　特定された対象事業の主管部門等にて発生する収益や費用の中には，研究開発費や減価償却費等の部門共通費，役員報酬や人事・総務・経理等に関する本社費用のように必ずしも対象事業のみに直接紐づくものではない費用も含まれていることが多く，事業別の業績管理や経営意思決定を行う目的のために，買い手からみて一般的でない社内基準に基づく配賦等が行われている可能性があります。このような場合には，客観性および正確性の観点から配賦基準を見直す必要があり，なるべく恣意性を排除し，かつ，期間比較可能性を確保するために，売上高・面積・人員数等の客観的かつ合理的な基準に基づいて配賦計算

を行います。

　なお，上記に基づいて作成した対象事業のP/Lは，過去の損益実態を適切に反映したものではあるものの，そこには非経常的または一時的な取引も含まれており，また，カーブアウト後の事業構造の変化の影響は考慮されていないため，そのP/Lは対象事業におけるカーブアウト後の継続的な収益獲得能力を適切に反映しているとは限りません。そこで，その事業価値を算定するにあたっては，対象事業の過去の財務諸表について一定の調整を行い，継続的な収益獲得能力である正常収益力を表すようにする必要があります。具体的には，正常な営業活動において生じない過去の一時的・非経常的な損益を営業利益から除外して平準化する，営業外損益や特別損益のうちカーブアウト後も継続的に発生が見込まれるものを正常収益力に含める等の調整を行うことになり，さらに，対象事業が独立した会社となる場合にはスタンドアロンコストを加味することに留意が必要です（スタンドアロンコストの詳細は **6** 参照）。

(3) 対象事業範囲に関連する資産・負債の把握（カーブアウトB/Sの作成）

　事業分離・売却にあたっては，自社の現物資産を含めた経営資源が譲渡されることになるためカーブアウトB/Sを作成し，分離対象の資産および負債を特定する必要があります。対象事業に係るB/Sは管理会計上の作成対象とされていないことが多いため，勘定科目明細や固定資産台帳等から個別に抽出していく必要があり，分離が困難な項目については一定の基準で按分することが想定されます。主な項目に関する金額の把握方法は以下のとおりです。

① 運転資本項目

　運転資本項目のうち，対象事業のみで使用する材料や商品といった棚卸資産については，売り手にとっては不要な資産となることから実務上は承継対象に含まれると考えられるため，勘定科目明細等に基づいて承継対象となる金額を把握して作成します。一方で，対象事業に関連する売掛金・未収入金や買掛金・未払金等の営業債権債務については，売り手にとっても債権債務の決済に伴うキャッシュを獲得するメリットがあり，買い手との交渉で承継・非承継の

選択を行うケースが想定されるため，承継される対象債権債務を特定のうえ，カーブアウトB/Sに反映していきます。

　なお，事業譲渡スキームの場合には，債権債務の承継にあたって個別に取引先の同意が必要となるため，取引先ごとに契約内容の確認や個別同意の取得の可能性や事務的負担について別途考慮することに留意が必要になります。また，運転資本に関するスタンドアロン項目として，対象事業において売り手グループ内での取引がある場合，カーブアウト後は取引条件が変更になる可能性があるため，運転資本に影響がある点についても留意が必要になります。

②　固定資産

　固定資産のうち，対象事業のみで使用されているものについては，一般的に承継対象に含まれるものと考えられるため，固定資産台帳等に基づいて承継対象物や金額を把握します。一方で，本社建物や基幹システム，特許権といった対象事業とその他事業とで共通して使用する資産については，一般的に承継対象に含まれないことから，買い手側で有する資産で代替可能でない場合には，買い手が何らかの方法での手当を検討することになると考えられ，売り手の共通資産に関して，買い手がカーブアウト後も継続して利用する場合には賃貸借契約が締結されるケースもあります。

③　人件費項目

　カーブアウト後に承継される人員に係る人件費項目（未払給与・賞与引当金・退職給付引当金等）について，売り手は各承継人員の負債計上額を積み上げ計算する必要があります。

　なお，人件費項目については，売り手側と買い手側で制度が異なることが多く，カーブアウト時点で未精算の人件費項目を売り手側と買い手側でどのように精算するのかによって，売り手側が算定した金額について，買い手側は独自で調整を行い，事業価値を算定する必要があります。

　また，年金資産については，退職給付債務と異なり，会社または会社グループ単位で残高管理が行われているため，実際の年金資産移管額についてはクロージング以降に確定するものと考えられます。そのため，カーブアウト検討

32

時点においては，年金資産の総額を退職給付債務や人員数等に基づいて按分する等によって承継対象人員にかかる金額を把握することになります。

④ **その他**

　上述の項目に付随する繰延税金資産・負債，貸倒引当金，資産除去債務や，対象事業を営むうえで必要な特許権等の権利関係，対象事業のサービス・商品に関する損害賠償など対象事業の資産・負債に漏れがないかについて精査が必要となります。

> **ポイント**
>
> 　カーブアウト財務諸表は，対象事業の価値算定に非常に重要な基礎情報になるため，管理会計で作成されている部門別のP/LやB/Sから対象事業の正常収益力や資産・負債の状況を適切に表すための調整を行う必要があります。

6 スタンドアロン項目に係るカーブアウトP/Lの調整

1 スタンドアロン項目とは

　スタンドアロン項目とは，事業の切り出しによってその事業が売り手グループから独立した場合に生じる論点です。例えば，売り手グループからの離脱に伴い対象事業が売り手グループから受けていた運営に必要となる人事・総務・経理等の間接業務機能やITシステム等のサービス，オフィスの利用ができなくなることや，従前の取引関係や取引条件が維持できなくなること等の論点があります。

　上述のようなカーブアウト後のスタンドアロン項目を加味する調整は，買い手が譲り受けた事業をどのような体制で運営するのかによるため，一般的に買い手側で行われることが想定されますが，売り手側としても調整項目の内容やどのくらいの金額的影響があるのかについて事前に検討・把握し，カーブアウト時点での適切な事業価値を把握したうえで，買い手との価格交渉を進めていくことが有用であると考えられます。

　なお，事業分離や売却のみならず，子会社株式の譲渡の場合においても，株式譲渡後において，その子会社が従来使用していた親会社の機能が使えなくなることや，他のグループ会社との取引条件が変更になることがあるため，上述と同様の検討が必要になると考えられます。

2 スタンドアロンに関する主な項目とカーブアウトP/Lの調整

(1) 売り手から承継できない機能・サービスに関する対応

　カーブアウト対象事業において，従前売り手グループ内で提供されていた機

能やサービスが独立した場合に承継されない場合，買い手は何らかの対応が必要になります。買い手は，保有している機能で代替できるか否かの検討が必要になり，同様の機能を有していない場合には新たな準備が可能か，難しい場合は売り手のリソース活用も含めて検討することになります。その結果，スタンドアロンコストとして，カーブアウトP/Lに必要な調整を行う可能性があります。

①　間接業務機能

　人事・総務・経理などの間接業務機能が承継対象とされていない場合，買い手が自前の機能で賄うか，対象事業の移行期間中におけるサービス提供に関する契約であるTSA（Transition Service Agreement）に基づく売り手のサポートが必要となります。仮にTSAに基づき売り手がサポートを行う場合，カーブアウトP/Lにおいて，その利用料が調整項目として反映されます。

　さらに，移行後において，対象事業の間接業務を買い手のリソースで吸収できない場合には，カーブアウトP/L上，業務委託費用や追加人員のコスト（採用費用を含む）を反映することになります。

②　ITシステム

　カーブアウト対象事業が利用しているITシステムが承継対象とされていない場合，関連するソフトウェアのライセンス契約の新規締結，買い手の保持するITシステムの利用，TSAに基づく売り手のサポート等の対応が必要となります。仮にTSAに基づき売り手がサポートを行う場合，カーブアウトP/L上，そのシステムの利用料やソフトウェアのライセンス契約に係るコストを調整します。

③　不動産

　本社オフィス・工場・営業所・支店などを売り手の残存事業とカーブアウト対象事業とで共通利用している場合，買い手が自前で移転先を確保するか，TSAに基づく売り手のサポートが必要となります。なお，売り手のほうが共通利用しているスペースから退去する場合でも，デッドスペースが増えるため

賃料等の負担が一時的に増加するケースもあります。買い手が移転先を確保する場合には，カーブアウトP/L上，新たな移転先の賃借料や新規不動産の購入コスト（減価償却費を含む）等を調整することになり，売り手の施設を共通利用する場合でも売り手に対する賃借料がカーブアウトP/Lに調整されます。

(2)　売り手グループからの離脱に伴う取引条件の変更等

　売り手グループであることによって優遇された取引条件で取引されている場合，売り手グループから離脱することに伴う取引条件の変更によって発生が見込まれる損益影響をカーブアウトP/Lに反映させる費用があります。

①　グループ内の取引条件

　カーブアウト対象事業において，従前売り手グループ内で部品や商品を調達している場合，決済条件や価格設定が外部の第三者よりも有利に設定されているケースがあります。カーブアウト対象事業において，売り手グループ会社からの調達や売り手グループ会社への販売，グループ内会社による業務委託等の取引条件が，カーブアウト後に継続されない可能性があり，その場合には価格設定および決済条件等が見直されることによる影響をカーブアウトP/Lに反映させる必要があると考えられます。

②　グループ共同取引

　グループで共同購入しているケースにおいては，ボリュームディスカウントやグループの信用力に基づく決済条件での取引といったメリットを享受していることもあります。

　外部の第三者の取引においても，原材料等のグループで共同購買やグループ金融取引等，対象事業が売り手グループと共同して行っている取引については，ボリュームディスカウントや信用力の向上等に伴い取引条件が優遇されていることがあります。そのため，カーブアウト対象事業が売り手グループから離脱した場合に，その優遇措置を享受できなくなる可能性があり，カーブアウトP/L上，その影響を織り込む必要があると考えられます。

③ 退職給付

　売り手グループの企業年金基金に加入している場合，カーブアウト対象事業が売り手から離脱した時点で，企業年金基金から脱退することが想定され，その場合は独自の企業年金基金を設立する等の対応が必要となり，退職給付費用が変動する可能性があります。また，企業年金基金からの脱退方法および企業年金基金における年金財政上の積立状況等によっては，退職給付引当金の変動や脱退時に掛金の一括拠出が発生する可能性があり，カーブアウトP/Lの調整項目になると考えられます。

　┌─────┐
　│ ポイント ┝▷・・・
　└─────┘

　スタンドアロン項目は，カーブアウト対象事業が独立した会社として機能するために必要な対応項目であり，対応内容によってはカーブアウトP/Lに調整を反映させる必要があります。スタンドアロン項目について，買い手との有利な交渉を行う観点から，できるだけ早いタイミングで検討・把握することが望ましいと考えられます。

・・・

7 事業分離・売却時の減損の考え方

1 固定資産の減損の兆候の取扱い

　売り手が他の会社に移転する事業に関連する資産または資産グループにおいて減損の兆候がある場合には，減損損失を認識するか否かの判定を行う必要があります（減損会計基準二1）。減損の兆候があるか否かの判定にあたっては，減損会計基準で例示されている項目に基づいて総合的に判断します。特に組織再編関連については，使用範囲または方法について回収可能価額を著しく低下させる変化がある場合として，重要な会社分割などの組織再編や，当初の予定よりも著しく早期に資産または資産グループを処分することも含まれていることから，売り手は実際に事業分離や子会社株式売却に関する意思決定が取締役会等で行われた段階で，その事象が減損の兆候に該当するか否かについて検討する必要があります（減損会計適用指針13(1)(2)，82）。

　減損の兆候が把握された場合，減損損失を認識するか否かの判定を行う資産のグルーピング単位は，他の資産または資産グループのキャッシュ・フローから概ね独立したキャッシュ・フローを生み出す最小の単位で行うこととされています（減損会計基準二 6.(1)）。ここで，事業分離会計基準上，「事業」とは，企業活動を行うために組織化され，有機的一体として機能する経営資源をいうと定められています（事業分離会計基準3）。一方で減損会計基準の適用対象は，事業に使用される固定資産であることから，経営資源の中には固定資産も含まれるものと考えられます。したがって，売り手が会社分割や事業譲渡等により事業を移転する場合においては，対象となる事業と減損判定を行う資産グループの間の大小関係によって，減損の兆候の把握方法が異なります。

（1） 移転する事業のほうが資産グループよりも大きい場合

① 投資が継続しているとみる場合

　移転する事業に係る売り手の投資が継続しているとみられる場合，事業分離により移転する事業に係る固定資産の減損の検討にあたっては，将来キャッシュ・フローを見積る場合に事業分離が行われないものと仮定した経済的残存使用年数を使用します（企業結合・事業分離適用指針90(2)，「**10** 移転事業に係る適正な帳簿価額の算定」 [2](2)（58頁）参照）。また，移転する事業が資産グループよりも大きい場合，資産のグルーピングの変更を行うか否かについては，会計基準上明記されていませんが，上述の将来キャッシュ・フローの見積りに関する取扱いを準用して，事業分離が行われないと仮定して資産のグルーピングの変更はせず，減損の兆候の把握は行われないものと考えられます。

② 投資が清算したとみる場合

　一方，事業移転によって売り手の投資が清算したとみられる場合で，かつ，移転損失が生じる場合には，事業分離の意思決定とともに，事業に含まれる資産グループの処分の意思決定が行われたものとして，資産グループについて減損の兆候を把握し，事業分離を前提とした将来キャッシュ・フローを見積ることになると考えられます。

（2） 移転する事業のほうが資産グループよりも小さい場合

① 投資が継続しているとみる場合

　移転する事業に係る売り手の投資が継続しているとみられる場合には，資産のグルーピングを変更することになり，資産グループに残存する資産については減損の兆候を把握することになりますが，移転事業に関連する資産については事業分離が行われないものと仮定して減損の兆候は把握されないと考えられます。

② 投資が清算したとみる場合

　事業移転によって売り手の投資が清算したとみられる場合，事業分離の意思決定時に，資産グループに含まれる事業に関連する資産について処分の意思決

定が行われたものとして他の資産と切り離し，グルーピングを変更して減損の兆候を把握し，事業分離を前提とした将来キャッシュ・フローを見積ることになると考えられます。

　なお，子会社株式を売却する意思決定をしたとしても，必ずしも売却に関連する資産のグルーピングの変更を考慮する必要がないケースもあると考えられます。

　例えば，企業グループ内の事業資産を親会社から賃借（所有権移転外ファイナンス・リース取引として通常の賃貸借取引に係る方法に準じて会計処理を行っている）している子会社の株式を企業グループ外にすべて売却する意思決定が行われた場合，その子会社は連結除外となりますが，引き続き賃借取引を継続しているのであれば，親会社の個別財務諸表上で資産のグルーピングを見直す必要はありません。一方で，連結財務諸表上は企業グループ内の事業資産から企業グループ外に対する賃貸資産への用途変更になることから，子会社株式を売却する意思決定を行った時点で，連結財務諸表上の資産のグルーピングを変更する必要があるか否かが問題となります。

　この点，連結財務諸表は，企業グループに属する親会社および子会社が作成した個別財務諸表を基礎として作成されるものであり（減損意見書四2(6)①なお書き参照），売却される子会社にとっては企業グループから外れたとしても引き続きその資産を使用することに変わりはありません。したがって，子会社株式の売却の意思決定時点では企業グループ内の事業資産ととらえられることから，連結財務諸表上は資産のグルーピングを変更する必要はないと考えられます。

2 のれんの減損の兆候の取扱い

　移転する事業に関連するのれんが計上されている場合には，のれんを含むより大きな単位として，のれんが帰属する事業または資産グループに減損の兆候があるか否かを判定します。のれんの計上時に対象となる取得した事業単位が複数ある場合には，のれんの帳簿価額を取得した事業の取得時の時価の比率等合理的な基準に基づいて分割しますが，のれんの帳簿価額を分割して帰属させ

る事業単位は，取得対価が概ね独立して決定され，かつ取得後も内部管理上独立した事業報告が行われる単位になります（減損会計基準注解 注8～10）。

　事業譲渡を予定しており譲渡損失が生じる見込みである場合や，子会社株式を売却することが決定され，個別財務諸表上，売却損が計上される見込みである場合で，その損失の発生が譲渡する事業や子会社の超過収益力等の低下に起因すると判断されるときには，連結財務諸表上，のれんに減損の兆候があるものとし，事業譲渡や子会社株式売却の意思決定時点でののれんの減損判定が必要になると考えられます。

3　移転事業に関連する資産を移転前に減損処理していた場合の取扱い

　対象となる移転事業に関連する資産または資産グループについて，移転前に期中で減損処理を行った場合であっても，事業移転において発生する移転利益と相殺することは，減損損失の戻入れを行うことと実質的に同じ場合があることから認められないと考えられます。固定資産の減損処理は，資産の収益性の低下により投資額の回収が見込めなくなった状態が相当程度に確実な場合に限って行われる，取得原価基準のもとで帳簿価額を臨時的に減額する処理であり（減損意見書三1，四2(2)①），減損損失の戻入れは行わないこととされています（減損意見書四3(2)，減損会計基準三2）。

4　子会社株式の減損処理と連結財務諸表上ののれんの関係性

　子会社株式の売却等の意思決定に伴い，親会社である売り手の連結財務諸表上ののれんについて減損損失が計上された場合，期末日時点で保有している対象の子会社株式の評価方法は，上場しているか否かによって異なります。

(1)　子会社株式が上場株式である場合
　上場株式である子会社株式の時価が取得原価に比べて著しく下落したときに

は，回復する見込みがあると認められる場合を除き，子会社株式の減損処理が行われます（金融商品会計基準20）。著しい下落か否かの判断は，取得原価に対して50％程度以上下落しているか否かによって判断されます（金融商品会計実務指針91，284）。

さらに，たとえ50％程度を下回る下落率であっても，状況によっては時価の回復可能性がないとして減損処理を要することがあります（金融商品会計実務指針284）。実務的には，30％程度以上の下落状態が一定期間継続しているか否かによって判断する場合があり，業績悪化や信用リスクの増大の状況によって，30％の下落率を引き下げて判断する場合もあります。

したがって，連結財務諸表上，のれんが帰属する事業に減損の兆候があり，のれんに係る減損損失が計上される場合であっても，子会社株式の時価が取得原価に比べて著しい下落やある一定率（30％程度以上等）の継続的な下落がない場合には子会社株式の減損処理は行われません。

(2)　子会社株式が非上場株式である場合

一方，子会社株式が非上場株式である場合，発行会社の財政状態の悪化により実質価額が取得原価に比べて著しく低下したときに減損処理が行われます（金融商品会計基準21）。著しい低下か否かの判断は，回復可能性が十分な証拠によって裏付けられる場合を除き実質価額が取得原価に比べて50％以上低下しているか否かによって判断されます（金融商品会計実務指針92，285）。連結財務諸表上のれんが帰属する事業に減損の兆候があり，のれんに係る減損損失が計上される場合において，子会社株式の取得原価を構成する超過収益力の毀損によって，実質価額が著しく低下し，収益性の低下によって将来的に実質価額が取得原価まで回復する見込みがあると判断できる十分な証拠がないときには，子会社株式の減損処理が行われる可能性が高いと考えられます。

なお，連結財務諸表上ののれんの減損処理を行うか否かにかかわらず，個別財務諸表において子会社株式の減損処理が行われた結果，減損処理後の子会社株式の帳簿価額が連結財務諸表上の子会社投資簿価（子会社の資本の親会社持分額と，のれん未償却残高（借方）の合計額）を下回った場合には，株式取得時に見込まれた超過収益力等の減少を反映するために，子会社株式の減損処理

後の簿価と，連結上の子会社投資簿価の差額のうち，のれん未償却残高（借方）に達するまでの金額について，のれんの純借方残高から控除し，連結損益計算書にのれん償却額として計上しなければなりません（資本連結実務指針32）。

【イメージ図】

個別財務諸表
子会社株式の取得原価

連結財務諸表
子会社の資本（親会社持分相当額）

子会社株式の取得原価 1,000	減損処理額（株式評価損）	700	のれん未償却残高	600	連結財務諸表上の子会社投資簿価 900
	減損処理後の簿価	300	資本金	200	
			利益剰余金	100	

100%所有の子会社の財政状態が悪化し子会社の純資産が300となり，個別財務諸表において子会社株式1,000に対して700の評価損を計上した場合，減損処理後の簿価300が連結財務諸表上の子会社投資簿価900を下回っているため，その差額のうち，のれん未償却残高に達するまでの金額600を償却額として計上する。

> **ポイント**
>
> 事業分離や子会社の売却の検討を行う場合，その意思決定を行った時点で関連する固定資産の減損の兆候の把握や子会社株式の減損の要否を行う必要があります。さらには関連するのれんの評価についても影響を及ぼす可能性があるため，留意が必要となります。

8 事業分離・売却時の売り手の税効果会計の取扱い

1 事業分離直前の売り手における繰延税金資産の回収可能性

　会社分割や事業譲渡等により売り手が対象事業を移転する際，事業移転直前における繰延税金資産の回収可能性の判断の取扱いは，投資が清算されたとみる場合と投資が継続しているとみる場合で異なります。

(1) 投資が清算されたとみる場合の税効果会計の取扱い

　分離元企業である売り手において，移転した事業に関する投資が清算されたとみる場合には，移転する事業に関する繰延税金資産の回収可能性は，売り手における事業移転日以後の将来年度の収益力に基づく一時差異等加減算前課税所得等で判断されることになり，移転先である分離先企業の将来年度の収益力に基づく課税所得等は考慮されません（企業結合・事業分離適用指針107(1)）。また，売り手に残存する事業に関する繰延税金資産の回収可能性については，その事業分離を考慮した将来年度の収益力に基づく一時差異等加減算前課税所得等により判断します（企業結合・事業分離適用指針107(2)なお書き）。

(2) 投資が継続しているとみる場合の税効果会計の取扱い

　分離元企業である売り手において，移転した事業に関する投資が継続しているとみる場合には，移転する事業に関する繰延税金資産の回収可能性は，事業分離が行われないものと仮定した移転する事業に係る将来年度の収益力に基づく一時差異等加減算前課税所得等を勘案して判断します（企業結合・事業分離適用指針107(2)）。具体的な手続については，「**10** 移転事業に係る適正な帳簿価額の算定」**2**(1)（57頁）を参照ください。

　また，売り手に残存する事業に関する繰延税金資産の回収可能性については上記(1)と同様に判断します（企業結合・事業分離適用指針107(2)なお書き）。

2　移転事業の受取対価に関する税効果会計の取扱い

　売り手が移転事業の対価として，株式などの現金以外の財産を受け取った場合，その財産の会計上の簿価と税務上の簿価の間に生じる一時差異に対して税効果会計をいつ適用するのかが論点として挙げられます。

(1)　投資が清算されたとみる場合

　移転事業に係る売り手の投資が清算されたとみる場合においては，会計上移転損益が計上されるため，移転先企業が子会社や関連会社であったとしても，一般的な交換の場合と同様に事業分離日以後最初に到来する事業年度末において税効果会計を適用するものと考えられます。したがって，期末に繰延税金資産および繰延税金負債が計上され，その差額を期首と期末で比較した増減額が法人税等調整額として計上されることになります（企業結合・事業分離適用指針108(1)，401）。

(2)　投資が継続しているとみる場合

　移転事業に係る売り手の投資が継続しているとみる場合においては，事業移転日において売り手側で認識された繰延税金資産および繰延税金負債が移転先企業に移転することとなるため，移転事業に関連する繰延税金資産および繰延税金負債を，対価として受領した株式等の取得価額に含めず，移転先企業の株式等に係る一時差異に対する繰延税金資産および繰延税金負債として，同額計上することが適当と考えられます（企業結合・事業分離適用指針108(2)，402）。

　これは，移転事業の資産および負債に係る繰延税金資産および繰延税金負債については，受け取った株式等に係る繰延税金資産および繰延税金負債に置き換わったものとみる考え方です。この繰延税金資産および繰延税金負債の中には，税務上の非適格組織再編とされた場合の税務上の移転損益に関する繰延税金資産および繰延税金負債も含まれることになり，投資が清算されたとみる場

合と異なり法人税等調整額は計上されません。

　なお，受け取った株式等に係る繰延税金資産の計上に際しては，繰延税金資産回収可能性適用指針に従って判断した売り手における繰延税金資産の企業の分類に応じて回収可能性の有無を判断することになります（企業結合・事業分離適用指針108(2)後段）。

3 ｜ 事業分離以外の企業結合に係る税効果会計の取扱い

　上述の事業分離以外の吸収合併や株式交換等の企業結合に該当する場合においても，企業結合直前の繰延税金資産の回収可能性は，原則として取得企業単独の収益力に基づく一時差異等加減算前課税所得等により判断し，企業結合による影響は企業結合年度から反映させることになり，企業結合に係る意思決定段階などで反映することはありません（企業結合・事業分離適用指針75）。したがって，例えば，子会社を外部の会社に吸収合併させる場合，消滅会社である子会社の繰延税金資産の回収可能性は，合併を行わないと仮定して子会社単独の収益力に基づく一時差異等加減算前課税所得等を勘案して判断することになります。

設例 1　吸収分割における売り手の税効果会計の適用──投資継続の場合

（前提条件）
①　吸収分割により，分離元企業P社（親会社）はa事業を分離先企業S社（P社の100％子会社）に移転し，対価としてS社株式を受け取った。当該取引は共通支配下の取引であり，P社において移転損益は認識されない（投資が継続する）。
②　税務上，当該会社分割は適格分社型分割に該当するものとする。このため，P社におけるS社株式の税務上の取得原価は，移転した事業に係る資産および負債の税務上の帳簿価額に基づくため，分離先企業株式に関して，移転したa事業に係る資産および負債について生じていた一時差異と同額の一時差異が生ずる。なお，本設例における将来減算一時差異にかかる繰延税金資産の回収可能性には特段の問題がないものとする。

③　法定実効税率は30%とする。

④　P社における移転前の貸借対照表，S社に移転するa事業の内容等は次の
とおりである。

P社貸借対照表

現金	370	諸負債	100
棚卸資産 ^(※1)	100	繰延税金負債（評価差額分）	60
有価証券 ^(※2)	300	資本金	500
繰延税金資産（棚卸資産分）	30	繰越利益剰余金	200
S社株式	200	その他有価証券評価差額金	140
資産計	1,000	負債純資産計	1,000

（※1）　税務上の帳簿価額は200とする。
（※2）　会計上の取得価額および税務上の帳簿価額は100とする。

S社に移転するa事業

棚卸資産	100	繰延税金負債（評価差額分）	60
有価証券	300	その他有価証券評価差額金	140
繰延税金資産（棚卸資産分）	30		

【スキーム図】

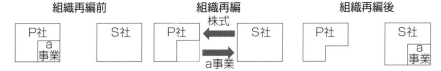

（会計処理）

(1)　P社におけるa事業移転に関する会計処理

(借)　S　社　株　式 ^(※1)	200	(貸)　棚　卸　資　産	100
繰延税金負債	60	有　価　証　券	300
（評価差額分）		繰延税金資産	30
その他有価証券	140	（棚卸資産分）	
評　価　差　額　金			
繰延税金資産 ^(※2)	30		
（S社株式分）			

（※1）　P社が取得するS社株式の取得原価は，移転事業に係る株主資本相当額（移転事業
に係る繰延税金資産（棚卸資産分）30を含めずに算定する（企業結合・事業分離適用

指針108(2)参照))。

(※2) 移転するa事業に係る繰延税金資産がS社株式に係る将来減算一時差異に対する繰延税金資産に置き換わる。

(2) S社におけるa事業受入れに関する会計処理（参考）

（借）棚 卸 資 産	100	（貸）繰 延 税 金 負 債	60
		（評価差額分）	
有 価 証 券	300	払 込 資 本	230
繰 延 税 金 資 産	30	その他有価証券	140
（棚卸資産分）		評 価 差 額 金	

- 共通支配下の取引のため，P社における適正な帳簿価額により資産および負債（繰延税金資産および負債を含む（企業結合・事業分離適用指針227(1)参照））ならびに評価・換算差額等を受け入れる（企業結合・事業分離適用指針227(2)参照）。

- 移転事業に係る株主資本相当額を払込資本の増加として処理する（企業結合・事業分離適用指針227(2)参照）

(3) P社における連結修正仕訳

（借）資 本 金[※1]	200	（貸）S 社 株 式[※1]	200
払 込 資 本[※2]	230	S 社 株 式[※2]	200
		繰 延 税 金 資 産[※2]	30
		（S社株式分）	

(※1) 開始仕訳。

(※2) 資本連結上の投資原価は移転する事業の移転直前の適正な帳簿価額230（棚卸資産100＋有価証券100＋繰延税金資産30）とし，S社の資本と消去。

設例2 吸収分割における売り手の税効果会計の適用──投資清算の場合

（前提条件）

① 吸収分割により，分離元企業P社（親会社）はa事業を分離先企業S社（外部の第三者）に移転し，対価としてS社株式（時価500）を受け取った。P社において取得したS社株式はその他有価証券として分類する。なお，移

転するa事業資産の時価は400（棚卸資産100，有価証券300）である。

② 税務上，当該会社分割は適格分社型分割に該当するものとする。このため，P社におけるS社株式の取得原価は，移転したa事業に係る資産および負債の税務上の帳簿価額に基づき300（＝棚卸資産200＋有価証券100）となる。

③ 法定実効税率は30％とする。

④ P社における移転前の貸借対照表，S社に移転するa事業の内容等は設例1と同様である。

（会計処理）

(1) P社におけるa事業移転に関する会計処理

(借)	S 社 株 式	(※1)	500	(貸)	棚 卸 資 産		100
	繰延税金負債		60		有 価 証 券		300
	（評価差額分）						
	その他有価証券 評 価 差 額 金		140		移 転 利 益	(※2)	300

（※1） S社株式の取得原価は，移転したa事業に係る時価またはS社株式の時価のうち，より高い信頼性をもって測定可能な時価に基づいて算定（企業結合・事業分離適用指針103）。

（※2） 貸借差額。

(2) S社におけるa事業受入れに関する会計処理（参考）

(借)	棚 卸 資 産	(※1)	100	(貸)	繰延税金負債	(※2)	30
					（棚卸資産分）		
	有 価 証 券		300		払 込 資 本	(※4)	500
	の れ ん	(※3)	130				

（※1） 棚卸資産の移転直前の時価100。

（※2） {a事業資産の会計上の簿価400（＝a事業資産の時価）－a事業資産の税務上の簿価300（＝棚卸資産200＋有価証券100）}×30％

（※3） 貸借差額として計上（取得原価500－（a事業資産の時価400－繰延税金負債30（※2の金額））。

（※4） 交付するS社株式の時価500。

(3)　P社における吸収分割の効力発生日が属する事業年度の末日における税効
　　果会計の適用

（借）	法人税等調整額 ^{（※1）}	30	（貸）	繰延税金資産 ^{（※1）}（棚 卸 資 産 分）	30	
	法人税等調整額 ^{（※2）}	60		繰延税金負債 ^{（※2）}（S 社 株 式 分）	60	

（※1）　吸収分割直前にP社において計上していた繰延税金資産の取崩し。

（※2）　S社株式の会計上の簿価500と税務上の簿価300（適格分割のため，a事業資産の税
　　　　務上の簿価を引き継ぐ）の差額200×30％

> ［ポイント］ ‥‥‥‥‥‥‥‥‥‥‥‥‥‥‥‥‥‥‥‥‥‥‥‥‥‥‥‥‥‥‥‥‥‥‥
>
> 　事業分離直前の売り手における繰延税金資産の回収可能性や移転事業の受取対価
> に関する税効果の取扱いは，移転事業に係る売り手の投資が継続しているとみるか，
> 清算されたとみるかによって大きく異なるため留意が必要となります。
> ‥‥‥

9 事業分離・売却時における退職給付引当金の会計処理

1 会計処理の考え方

　事業分離が行われた場合，移転した事業と同時に従業員も転籍し，併せて退職給付引当金も移転することがあります。この退職給付引当金は，退職給付債務・年金資産・未認識項目から構成されているため，これら各構成要素の性質に応じて，移転する事業に対応する分と事業分離後の分離元企業に対応する分とに合理的に按分することになります。

　分離元企業の具体的な会計処理は，投資が継続しているとみる場合と，投資が清算されたとみる場合に区分して検討することが必要です。

(1)　投資が継続しているとみる場合

　事業分離の対価として，分離先企業の株式を受け取った結果，分離先企業が分離元企業の子会社となるケースなど，投資が継続しているとみる場合があります。その場合，移転する事業に係る退職給付引当金は，退職給付制度の終了の例外として，事業分離が行われないものと仮定した場合の適正な帳簿価額により算定します（企業結合・事業分離適用指針90(3)，「10 移転事業に係る適正な帳簿価額の算定」2(3)（58頁）参照）。

　この会計処理における具体的な取扱いは以下のとおりとなります。

①　退職給付債務

　退職給付債務は従業員別に計算されるため，移転する事業の従業員に対応する退職給付債務と，事業分離後の分離元企業の従業員に対応する退職給付債務をそれぞれ計算します。具体的には，事業分離前の計算基礎に基づき数理計算したうえで，事業分離により移転する事業の従業員に係る退職給付債務とそれ

以外の従業員に係る退職給付債務とに区分します。

② 年金資産

移転する事業に係る年金資産については，企業年金制度の分割手続に基づきその金額を算定します。

③ 未認識項目

未認識項目については，各項目の性質に応じて按分することになります。例えば，事業分離日における退職給付債務または年金資産の比率その他合理的な方法により按分計算することになると考えられます。

(2) 投資が清算されたとみる場合

事業分離の対価として，現金等の財産を受け取るケースなど，投資が清算されたとみる場合があります。その場合，企業結合・事業分離適用指針90項(3)の退職給付制度の終了の例外とする定めは適用されないため，退職給付制度の終了に準じて会計処理することとなります。

この会計処理における具体的な取扱いは以下のとおりとなります。

① 退職給付債務

分離対象事業に係る退職給付債務は，事業分離前の計算基礎に基づいて数理計算した退職給付債務（分離対象事業を含む全従業員分）と，事業分離後の計算基礎に基づいて数理計算した退職給付債務（分離対象外の事業に係る従業員分）との差額として算定することとなります。そして，分離対象事業に係る退職給付債務と，その移転相当額の支払等の額との差額を損益として認識します（退職給付制度間の移行等に関する会計処理10(1)）。

② 年金資産

年金資産については，事業分離日の前日における時価（公正な評価額）により計算する必要がありますが，事業分離前の予測額との差は数理計算上の差異として取り扱われます（退職給付制度間の移行等に関する会計処理28）。その

うえで，企業年金制度の分割手続に基づき按分します。

③　未認識項目

未認識項目については，各項目の性質に応じて按分します。例えば，事業分離日における退職給付債務または年金資産の比率その他合理的な方法により按分計算することになると考えられます。そして，この按分計算された金額のうち，終了部分に対応する金額は損益として認識します（退職給付制度間の移行等に関する会計処理10(2)）。

設例 1　**投資が継続しているとみる場合**

（注）　個別決算上における，退職給付に関連する会計処理のみを記載している。
なお，簡便化のため，特に断りのない限り，税効果は考慮しないこととする（以下，設例につき同じ）。

前提条件

X1年3月31日において，X事業を営むP社（3月決算）は，分離対象であるX事業について，P社を吸収分割会社，A社の100％子会社であるS社（3月決算。発行済株式数80株）を吸収分割承継会社とする吸収分割を行った。この結果，P社は，X事業の対価としてS社の株式320株を受け取り，S社を80％子会社とした。

この吸収分割に際し，P社の従業員の一部がS社へ転籍することとなり，転籍対象の従業員に係る退職給付引当金に対する対価として，S社へ現金560を支払った。

P社は，確定給付型企業年金制度を採用している。

組織再編前後における，P社の退職給付債務，年金資産，未認識数理計算上の差異の状況は以下のとおりである。

	事業分離直前	うちX事業分	事業分離直後
退職給付債務	(※1) △1,600	(※1) △1,120	(※1) △480
年金資産	800	(※2) 560	(※2) 240
差引	△800	△560	△240

未認識数理計算上の差異 （退職給付債務に係る分）	140	^{（※3）}98	42
未認識数理計算上の差異 （年金資産に係る分）	60	^{（※4）}42	18
退職給付引当金	△600	△420	△180

（※1） 事業分離直前の計算基礎に基づき数理計算し，事業分離により移転する従業員に係る退職給付債務とそれ以外の従業員に係る退職給付債務とに区分する。

（※2） 企業年金制度の分割手続に基づき，X事業に係る額を確定したうえで承継会社となるS社に移転する。

（※3） 事業分離日における退職給付債務の比率により按分する（X事業分98（＝事業分離直前の未認識数理計算上の差異140×X事業に係る退職給付債務△1,120÷事業分離直前の退職給付債務△1,600））。

（※4） 事業分離日における年金資産の比率により按分する（X事業分42（＝事業分離直前の未認識数理計算上の差異60×X事業に係る年金資産560÷事業分離直前の年金資産800））。

【スキーム図】

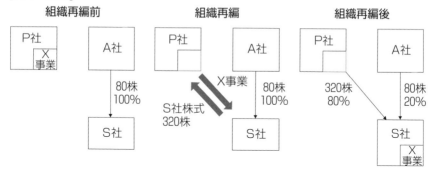

会計処理

P社（分離元企業）の個別財務諸表上の会計処理は以下のようになります。

（転籍対象の従業員に係る退職給付引当金に対する対価の支払い）

（借）	退職給付引当金^{（※1）}	560	（貸）	現 金		560

（※1） X事業に係る退職給付債務1,120－X事業に係る年金資産560＝560。移転するX事業に係る退職給付引当金は，退職給付制度の例外として，事業分離が行われないものと仮定した場合における適正な帳簿価額により算定する（企業結合・事業分離適用指針90(3)）。したがって，未認識数理計算上の差異は損益として認識しない。

設例2　投資が清算されたとみる場合

（前提条件）

　X1年3月31日において，P社（3月決算）は，保有するX事業を資本関係のないA社（3月決算）に譲渡した。本組織再編後，P社は，X事業への継続的な関与はないものとする。

　この事業譲渡に際し，P社の従業員の一部がA社へ転籍することとなり，転籍対象の従業員に係る退職給付引当金に対する対価として，A社へ現金560を支払った。

　P社は，確定給付型企業年金制度を採用している。

　組織再編前後における，P社の退職給付債務，年金資産，未認識数理計算上の差異の状況は以下のとおりである。

	事業分離 直前	年金資産 時価評価	うち X事業分	事業分離 直後
退職給付債務	(※1) △1,600	△1,600	(※1) △1,120	(※1) △480
年金資産	800	(※2) 700	(※2) 560	(※2) 140
差引	△800	△900	△560	△340
未認識数理計算上の差異 （退職給付債務に係る分）	140	140	(※3) 98	42
未認識数理計算上の差異 （年金資産に係る分）	60	(※2) 160	(※4) 128	32
退職給付引当金	△600	△600	△334	△266

（※1）　X事業に係る退職給付債務は，事業分離直前の計算基礎に基づいて数理計算した退職給付債務（X事業を含むP社の全従業員分△1,600）と，事業分離直後の計算基礎に基づいて数理計算した退職給付債務（X事業を除くP社の従業員分△480）との差額△1,120（＝△1,600－△480）として算定する。

（※2）　事業分離直前における時価（公正な評価額）により計算する。なお，事業分離直前の予測額との差は数理計算上の差異として取り扱う（時価評価後の未認識数理計算上の差異160（事業分離直前の未認識数理計算上の差異60＋（事業分離直前の年金資産800－時価評価後の年金資産700）））。そのうえで，企業年金制度の分割手続に基づき按分する。

（※3）　事業分離日における退職給付債務の比率により按分する（X事業分98（＝事業分離直前の未認識数理計算上の差異140×X事業に係る退職給付債務△1,120÷事業分離直

前の退職給付債務△1,600))。

（※4）事業分離日における年金資産の比率により按分する（X事業分128（＝事業分離直前の未認識数理計算上の差異160×X事業に係る年金資産560÷時価評価後の年金資産700））。

【スキーム図】

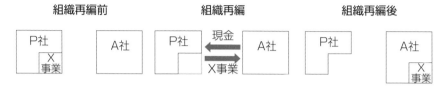

組織再編前　　　　　　組織再編　　　　　　組織再編後

会計処理

　P社（分離元企業）の個別財務諸表上の会計処理は以下のようになります。

（転籍対象の従業員に係る退職給付引当金に対する対価の支払い）

| （借）退職給付引当金(※1) | 560 | （貸）現　　　　金 | 560 |
| 終　了　損　益(※2) | 226 | 退職給付引当金 | 226 |

（※1）　X事業に係る退職給付引当金相当額（未認識数理計算上の差異考慮前）。

（※2）　移転したX事業について，投資の清算とみる場合，退職給付制度の終了の例外とする定めは適用されず，退職給付制度の終了に準じて会計処理することになると考えられる。したがって，X事業に係る未認識数理計算上の差異は損益として処理する（退職給付制度終了損226（上記表（※3）（※4）の合計））。

ポイント

　事業分離が行われた場合の退職給付引当金については，投資が継続しているとみる場合と投資が清算されたとみる場合で会計処理が異なる点に留意が必要です。

10 移転事業に係る適正な帳簿価額の算定

1 移転事業に関する資産・負債の帳簿価額の考え方

　分離元企業において移転する事業にかかる資産および負債の帳簿価額は，事業分離日の前日において一般に公正妥当と認められる企業会計の基準に準拠した適正な帳簿価額のうち，移転する事業にかかる金額を合理的に区分して算定することになります（事業分離会計基準10）

　分離元企業において，移転した事業に関する投資が清算されたとみる場合には，分離元企業で移転損益を認識することになりますが，その移転損益は上記の帳簿価額の算定結果をもとに受取対価の差額として計算します。また，投資が継続しているとみる場合には，移転損益を認識せずに移転直前の適正な帳簿価額をそのまま受取対価の取得原価とします（事業分離会計基準10(1)(2)）。

　いずれの場合においても，分離元企業が移転した事業に関する資産および負債を認識する帳簿価額は，一般に公正妥当と認められる企業会計の基準に準拠した適正な帳簿価額である必要があります。

　したがって，分離元企業は，重要な会社分割の場合には，事業分離日の前日に決算または仮決算を行い，適正帳簿価額を確定させる必要があります。合併における被合併会社と異なり，事業分離日の前日における分離元企業の適正な帳簿価額を，事業分離により移転する事業に係る部分と分離元企業に残る部分とに分割計画や分割契約，事業譲渡契約に従い，適切に区分する必要があります（事業分離会計基準77，78）。

　なお，適正な帳簿価額には，時価（または再評価額）をもって貸借対照表価額としている場合のその価額および対応する評価・換算差額等の各内訳科目（その他有価証券評価差額金，繰延ヘッジ損益および土地再評価差額金）の額が含まれることに留意する必要があります（企業結合・事業分離適用指針89）。

例えば，分離元企業において土地再評価差額金80が計上されている場合（当初取得価額20の土地に対し，再評価適用時の時価が100），この評価差額金80も適正な帳簿価額に含まれることになります。

2 ┃ 投資が継続している場合の留意点

　ここで，適正な帳簿価額の算定にあたり，投資が継続しているとみる場合には，以下の項目のように事業分離が行われないものと仮定して，一般に公正妥当と認められる企業会計の基準を適用することとなります（企業結合・事業分離適用指針90）。

(1)　繰延税金資産の回収可能性

　移転する事業に係る繰延税金資産の回収可能性は，事業分離が行われないものと仮定した移転する事業に係る将来年度の収益力に基づく一時差異等加減算前課税所得等を勘案して判断します。具体的には，事業分離が行われないものと仮定したときの分離元企業の将来年度の収益力に基づく一時差異等加減算前課税所得等の見積額を，移転事業部分と残存事業部分に区分し，移転事業に係る繰延税金資産の回収可能性を移転事業見合いの一時差異等加減算前課税所得に基づいて判断します。また，移転する事業において一時差異等加減算前課税所得等と相殺し切れなかった将来減算一時差異が生じ，残存する事業では相殺後に一時差異等加減算前課税所得等の残余が生じている場合には，原則としてこれらを相殺することにより移転する事業に係る繰延税金資産の回収可能性を判断します（企業結合・事業分離適用指針107(2)）。

　一方，分離元企業に残存する事業に係る資産および負債の一時差異に対して計上する繰延税金資産の回収可能性については，事業分離を考慮した分離元企業における将来年度の収益力（残存事業に係る収益力）に基づく一時差異等加減算前課税所得等によって判断します（企業結合・事業分離適用指針107(2)なお書き，「 8 事業分離・売却時の売り手の税効果会計の取扱い」参照）。

(2)　固定資産の減損処理

　移転する事業に係る固定資産の減損の検討にあたり，将来キャッシュ・フローを見積る場合には，事業分離が行われないものと仮定した場合の経済的残存使用年数を使用します（企業結合・事業分離適用指針90(2)，「 7 事業分離・売却時の減損の考え方」参照）。

(3)　退職給付に係る負債

　移転する事業に係る退職給付に係る負債は，退職給付制度の終了の例外として，事業分離が行われないものと仮定した場合の適正な帳簿価額になります（企業結合・事業分離適用指針90(3)，「 9 事業分離・売却時における退職給付引当金の会計処理」参照）。

　設例　投資が継続する場合の移転事業に係る繰延税金資産の回収可能性

（前提条件）

① 　事業 a および事業 b を営む分離元企業 X 社が，翌事業年度に会社分割により事業 a を移転する。

② 　事業分離後も X 社の事業 a に関する投資は継続し，会計上の移転損益は認識されない。

③ 　分離元企業 X 社の将来減算一時差異は300（うち事業 a 100，事業 b 200）とする。

④ 　事業分離が行われないと仮定した場合の分離元企業 X 社の一時差異解消年度における一時差異等加減算前課税所得の見積額は290（うち事業 a 80，事業 b 210）とする。

⑤ 　分離元企業 X 社の実際の残存事業 b に係る一時差異等加減算前課税所得の見積額は，税務上の移転損益を含め150とする。

⑥ 　事業 a および事業 b の将来減算一時差異はすべて翌事業年度に解消するものとし，一時差異等加減算前課税所得の見積額は事業分離が行われないと仮定した場合の翌事業年度の見積額とする。

事業分離日の属する事業年度の前期末における繰延税金資産の回収可能性の判断

(1) 移転事業aに係る繰延税金資産の回収可能性の判断

移転する事業に係る繰延税金資産の回収可能性は，事業分離が行われないものと仮定して判断するため，移転事業aと残存事業bに区分して検討します。

本ケースでは，移転する事業に係る課税所得等と相殺し切れなかった将来減算一時差異20（＝100－80）が生じています。したがって，残存事業bに係る一時差異等加減算前課税所得の見積額210と残存事業bに係る将来減算一時差異200を相殺した残余10を移転事業aに係る一時差異等加減算前課税所得の見積額80に加算した額90を基礎として，移転事業aに係る繰延税金資産の回収可能性を判断することになります。

(2) 残存事業bに係る繰延税金資産の回収可能性の判断

残存事業bに係る繰延税金資産の回収可能性については，事業分離がないと仮定した場合の残存事業bに係る一時差異等加減算前課税所得の見積額210ではなく，事業分離を考慮した分離元企業X社の一時差異等加減算前課税所得の見積額150を基礎として判断することになります。

(3) X社全体の繰延税金資産の回収可能性の判断

(1)および(2)の結果，分離元企業X社については，X社全体の将来減算一時差異300のうち240（＝事業a90＋事業b150）の将来減算一時差異が回収可能と判断され，240に法定実効税率を乗じた繰延税金資産が計上されることになります。

		将来減算一時差異	一時差異等加減算前課税所得	解消見込額	
(1)	移転事業a (※1)	100	80	(※2) 90	
	（残存事業b） (※1)	(200)	(210)		残余10を事業aに充てる
(2)	実際の残存事業b	200	150	150	

| X社合計 | 300 | | 240 | |

（※1） 移転事業a欄および残存事業b欄の金額は事業分離がないと仮定した場合の金額。
（※2） 80（移転事業aに係る一時差異等加減算前課税所得）＋10（残存事業bにおける一時差異等加減算前課税所得の残余）

ポイント ╳╳╳

　事業分離に際し，分離元企業において投資が継続しているとみる場合，繰延税金資産の回収可能性の検討，固定資産の減損処理の検討，退職給付に係る負債の算定にあたっては，事業分離が行われないとした仮定のうえでの判断になることに留意が必要です。

╳╳

コラム2　カーブアウト後の残存事業への損益影響

　事業売却や分離等のカーブアウトが問題なく行われた後，カーブアウト後に社内に残存する事業に関して，カーブアウト後の業績管理に影響を及ぼす可能性がある点に留意が必要です。
　例えば，光熱費や減価償却費等の部門共通費，役員報酬や経理部門等の本社費など，各事業部門に按分されていたコストは，カーブアウトにより移管する事業部門に配賦されていた相当額が残存事業部門に追加で配賦されることとなるため，カーブアウト前に比して事業損益が悪化する可能性があります。その結果，例えば，固定資産の減損の兆候に該当することで減損損失を計上せざるを得ない状況になる恐れもあるかもしれません。売り手は，本社共通費の配賦方法の検討も含め，カーブアウトによる残存事業に及ぼす影響も考慮したうえで，カーブアウトの範囲やスキーム等を慎重に検討する必要があります。

コラム3

カーブアウト事業に係る将来事業計画を作成する際の留意点

　事業売却・分離を行うに際して，売り手は，買い手との価格交渉を有利に進めて売却価格を最大化するために，対象事業に関するカーブアウト財務諸表の作成のみならず，その事業に係る将来計画（事業の価値を算定するための基礎情報）を作成する必要があります。

　一般的に，事業計画は，会社単位や事業セグメント，事業部門等の単位で作成しているケースが多いと考えられます。しかし，カーブアウト対象となる事業は必ずしも既存の事業計画の範囲と整合しているとは限りません。また，仮に既存の事業計画の範囲とカーブアウト対象事業の範囲が整合していたとしても，通常作成されている事業計画はあくまで内部管理目的のものであるため，客観性や正確性の観点からは必ずしも十分とはいえず，カーブアウト事業の実態を適切に反映させるための必要な見直しを行う必要があります。

　したがって，カーブアウト事業に関する事業計画は，過年度の財務情報を基礎としてスタンドアロン項目や正常収益力の調整等が行われたカーブアウト財務諸表の数値や条件と整合させるように作成する必要があります。

　なお，事業計画の作成にあたっては，P/L情報しか作成されないケースもみられますが，買い手側からすると設備投資計画や人員計画のほか，キャッシュ・フロー計画なども検証材料として，売り手側はそれらの開示を要求されることが多いと考えられます。

ケース　事業譲渡×受取対価が現金等の財産のみの場合

❶ 子会社を分離先企業として行われた事業分離の会計処理

　受取対価が現金等の財産のみであり，子会社を分離先企業として行われる場合の分離元企業の会計処理は，共通支配下の取引として取り扱うこととされています（企業結合・事業分離適用指針95本文）。

　なお，分離元企業の会計処理において，対価として受け取る「現金等の財産」には，分離先企業の株式は含まれず，現金などの，移転した事業と明らかに異なる資産が該当します。これには，分離先企業の支払能力に左右されない資産や，分離先企業の支払能力の影響を受けるものの，代金回収条件が明確かつ妥当であり，回収が確実と見込まれる資産が含まれます。ただし，分割比率等に端数があるために生じた交付金は現金等の財産には含まれず，また，利益配当の代替としての交付金の部分は受取対価には含まれません（企業結合・事業分離適用指針95なお書き）。

(1)　分離元企業である親会社の個別財務諸表上の会計処理

　分離元企業である親会社の個別財務諸表上，共通支配下の取引として，分離元企業が受け取った現金等の財産は，移転前に付された適正な帳簿価額により計上します。現金などの，移転した事業と明らかに異なる資産を受け取る場合には，投資が清算されたとみなされるため，現金等の財産の適正な帳簿価額と移転した事業に係る株主資本相当額との差額は，原則として移転損益として認識します（事業分離会計基準10(1)，14(1)）。

(2)　連結財務諸表上の会計処理

　連結財務諸表上，移転損益は，連結会計基準における未実現損益の消去に準じて処理します（事業分離会計基準14(2)）。

設例

前提条件

　X1年3月31日において，P社（3月決算）は，S社（3月決算）の株式の100％を保有し，完全子会社としている。

　X1年3月31日（組織再編直前）における各社の貸借対照表は以下のとおりである。

P社貸借対照表

諸資産（X事業）	1,200	諸負債（X事業）	400
S社株式	500	資本金	1,000
		繰越利益剰余金	300

S社貸借対照表

現金	1,000	諸負債	500
諸資産	200	資本金	500
		繰越利益剰余金	200

　X1年4月1日に，P社は，保有するX事業（諸資産1,200，諸負債400，X事業の時価1,000）をS社に現金1,000で譲渡した。

【スキーム図】

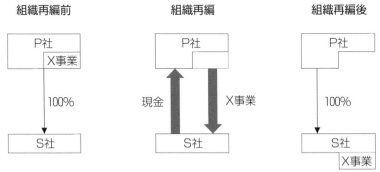

会計処理

(1)　P社（分離元企業）の個別財務諸表上の会計処理

　この事業譲渡は共通支配下の取引として取り扱われるため，P社は，受け

取った現金等の財産を，移転前に付された適正な帳簿価額である1,000により個別財務諸表に計上します。そして，この受け取った価額と移転したX事業に係る株主資本相当額との差額は，移転損益として認識します。

(借)	現　　　　　金 [※1]	1,000	(貸)	諸資産（X事業）	1,200
	諸負債（X事業）	400		移　転　損　益 [※2]	200

（※1）　P社が受け取った現金等の財産は，S社における移転前に付された適正な帳簿価額により計上する。
（※2）　現金等の財産の適正な帳簿価額1,000と移転したX事業に係る株主資本相当額800（＝資産1,200－負債400）との差額は移転損益とする。

(2)　S社（分離先企業）の個別財務諸表上の会計処理

S社がP社から受け入れる資産および負債は，P社における移転した事業に係る資産および負債の移転直前の適正な帳簿価額により計上します（企業結合・事業分離適用指針224(1)，企業結合会計基準41）。また，受け入れたX事業に係る株主資本相当額と交付した現金等の財産の適正な帳簿価額との差額は，のれん（または負ののれん）として処理します（企業結合・事業分離適用指針224(1)また書き）。

(借)	諸資産（X事業）	1,200	(貸)	現　　　　　金	1,000
	の　　れ　　ん [※1]	200		諸負債（X事業）	400

（※1）　交付した現金等の財産の適正な帳簿価額1,000と受け入れたX事業に係る株主資本相当額800との差額200は，のれんとして処理する。

(3)　P社の連結財務諸表上の会計処理

P社は，企業結合後もS社を100％子会社とするため，引き続き，連結財務諸表を作成します。

子会社株式（S社株式）に関する開始仕訳は以下のとおりです。

(借)	資　　本　　金	500	(貸)	S　社　株　式	500

P社の個別財務諸表で認識された移転損益は，P社の連結財務諸表上，連結会計基準における未実現損益の消去に準じて処理し，S社の個別財務諸表で認識されたのれんを消去します。

(借) 移 転 損 益	200	(貸) の れ ん	200

【組織再編後の財務諸表】

P社貸借対照表

現金	1,000	資本金	1,000
S社株式	500	繰越利益剰余金	500
		（うち，移転損益）	(200)

S社貸借対照表

諸資産	200	諸負債	500
諸資産（X事業）	1,200	諸負債（X事業）	400
のれん	200	資本金	500
		繰越利益剰余金	200

P社連結貸借対照表

現金	1,000	諸負債	500
諸資産	200	諸負債（X事業）	400
諸資産（X事業）	1,200	資本金	1,000
		繰越利益剰余金	500

> ポイント ▷••
>
> 　現金等の移転した事業と明らかに異なる資産を受け取る場合には，投資が清算されたとみなされるため，個別財務諸表上，移転損益が認識されます。共通支配下の取引として行われた企業結合については，個別財務諸表上，分離元企業が受け取った現金等の財産は，時価ではなく，移転前に付された適正な帳簿価額により計上される点に留意が必要です。
>
> ••

❷ 関連会社を分離先企業として行われた事業分離の会計処理

受取対価が現金等の財産のみであり，関連会社を分離先企業として行われる場合の分離元企業は，次の会計処理を行います。

(1) 分離元企業の個別財務諸表上の会計処理

分離元企業の個別財務諸表上，分離元企業が受け取った現金等の財産は，原則として，時価により計上します。その結果，当該時価と移転した事業に係る株主資本相当額との差額は，原則として移転損益として認識します（事業分離会計基準15(1)，企業結合・事業分離適用指針96(1)本文）。

ただし，一般的な売却や交換と同じように，例えば，次のような分離元企業による移転した事業への重要な継続的関与によって，分離元企業が移転した事業に係る成果の変動性を従来と同様に負っている場合には，移転損益を認識することはできず，移転した事業を裏付けとする金融取引として会計処理することになると考えられます（企業結合・事業分離適用指針96(1)ただし書き，事業分離会計基準76なお書き）。

---

① 移転した事業に対し買戻しの条件が付されている場合
② 移転した事業から生じる財貨またはサービスの長期購入契約によりその事業のほとんどすべてのコスト（当該事業の取得価額相当額を含む）を負担する場合

---

(2) 連結財務諸表上の会計処理

連結財務諸表上，移転損益は，持分法会計基準における未実現損益の消去に準じて処理します（事業分離会計基準15(2)）。

設例

（前提条件）

Ｘ１年３月31日において，Ｐ社（３月決算）は，Ｓ社（３月決算）の株式の

20％を保有し，持分法適用関連会社としている。

　X1年3月31日（組織再編直前）における各社の貸借対照表は以下のとおりである。

P社貸借対照表

諸資産（X事業）	1,200	諸負債（X事業）	400
諸資産	400	資本金	1,000
S社株式	100	繰越利益剰余金	300

S社貸借対照表

現金	1,000	諸負債	500
諸資産	300	資本金	500
		繰越利益剰余金	300

　X1年4月1日に，P社は，保有するX事業（諸資産1,200，諸負債400，X事業の時価1,000）を，S社に現金1,000で譲渡した。

　なお，本組織再編後，P社によるX事業への継続的な関与はないものとする。

【スキーム図】

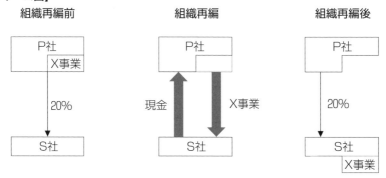

会計処理

(1)　P社（分離元企業）の個別財務諸表上の会計処理

　P社の個別財務諸表上，P社が受け取った現金等の財産は，時価により計上します。そして，この受け取った価額と移転したX事業に係る株主資本相当額との差額は，移転損益として認識します。

(借) 現 金 [※1]	1,000	(貸)	諸資産(X事業)		1,200
諸負債(X事業)	400		移 転 損 益 [※2]		200

（※1） P社が受け取った現金等の財産は，時価により計上する（本ケースにおいては，帳簿価額が時価と一致している）。

（※2） 現金等の財産の額1,000と移転したX事業に係る株主資本相当額800（＝資産1,200−負債400）との差額は移転損益とする。

(2) P社の連結財務諸表上の会計処理

P社は，企業結合後もS社を20％保有し，持分法適用関連会社とします。なお，解説の便宜上，当該2社のみにて連結財務諸表を作成することとします。

持分法適用関連会社株式（S社株式）に関する開始仕訳は以下のとおりです。

(借) S 社 株 式	60	(貸)	繰越利益剰余金 [※1] （ 期 首 ）	60

（※1） S社の組織再編直前の貸借対照表における繰越利益剰余金300×持分比率20％＝60

P社の個別財務諸表で認識された移転損益は，P社の連結財務諸表上，持分法会計基準における未実現損益の消去に準じて処理します。

(借) 移 転 損 益	40	(貸) S 社 株 式		40

（※1） P社個別財務諸表上の移転損益200×持分比率20％＝40

【組織再編後の財務諸表】

P社貸借対照表

現金	1,000	資本金	1,000
諸資産	400	繰越利益剰余金	500
S社株式	100	（うち，移転損益）	(200)

P社連結貸借対照表

現金	1,000	資本金	1,000
諸資産	400	繰越利益剰余金	520
S社株式	120	（うち，移転損益）	(160)

ポイント ･･

　現金等の移転した事業と明らかに異なる資産を受け取る場合に投資が清算された
とみなされる点については，子会社のケースと同様ですが，分離元企業が受け取っ
た現金等の財産は，共通支配下の取引として処理される子会社の場合と異なり，原
則として時価により計上される点に留意が必要です。

･･

❸ 子会社や関連会社以外を分離先企業として行われた事業分離の会計処理

　受取対価が現金等の財産のみであり，子会社や関連会社以外を分離先企業として行われる場合の分離元企業は，次の会計処理を行います。

(1)　分離元企業の個別財務諸表上の会計処理

　関連会社の場合と同様，分離元企業の個別財務諸表上，分離元企業が受け取った現金等の財産は，原則として時価により計上します。その結果，当該時価と移転した事業に係る株主資本相当額との差額は，原則として移転損益として認識します（事業分離会計基準16，企業結合・事業分離適用指針96(1)本文）。

　また，分離元企業による移転した事業への重要な継続的関与がある場合の取扱いも，関連会社のケースと同様に，例えば，次のような分離元企業の重要な継続的関与によって，分離元企業が移転した事業に係る成果の変動性を従来と同様に負っている場合には，移転損益を認識することはできず，移転した事業を裏付けとする金融取引として会計処理することになります（企業結合・事業分離適用指針96(1)ただし書き，事業分離会計基準76なお書き）。

---

① 移転した事業に対し買戻しの条件が付されている場合
② 移転した事業から生じる財貨またはサービスの長期購入契約により当該事業のほとんどすべてのコスト（当該事業の取得価額相当額を含む）を負担する場合

---

(2)　連結財務諸表上の会計処理

　本ケースにおいては，子会社または関連会社の場合とは異なり，分離元企業にとって分離先企業は連結または持分法適用対象外の会社となります。したがって，特段の処理は不要です。

設例

前提条件

　X1年3月31日において，P社（3月決算）は，A社（3月決算）の株式（非上場株式）の5％を，その他有価証券として保有している。

　X1年3月31日（組織再編直前）における各社の貸借対照表は以下のとおりである。

P社貸借対照表

諸資産（X事業）	1,200	諸負債（X事業）	325
諸資産	400	資本金	1,000
A社株式	25	繰越利益剰余金	300

A社貸借対照表

現金	1,000	諸負債	500
諸資産	200	資本金	500
		繰越利益剰余金	200

　X1年4月1日に，P社は，保有するX事業（諸資産1,200，諸負債325，X事業の時価1,000）を，A社に現金1,000で譲渡した。

　なお，本組織再編後，P社によるX事業への継続的な関与はないものとする。

【スキーム図】

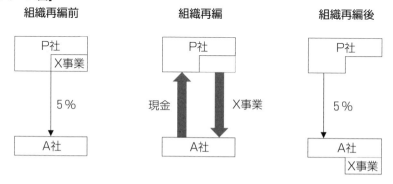

(会計処理)

(1) Ｐ社（分離元企業）の個別財務諸表上の会計処理

　Ｐ社の個別財務諸表上，Ｐ社が受け取った現金等の財産は，時価により計上します。そして，この受け取った価額と移転したＸ事業に係る株主資本相当額との差額は，移転損益として認識します。

| (借) | 現 金 (※1) | 1,000 | (貸) | 諸資産(Ｘ事業) | 1,200 |
| | 諸負債(Ｘ事業) | 325 | | 移 転 損 益 (※2) | 125 |

（※1）　Ｐ社が受け取った現金等の財産は，時価により計上する（本ケースにおいては，帳簿価額が時価と一致している）。

（※2）　現金等の財産の額1,000と移転したＸ事業に係る株主資本相当額875（＝資産1,200－負債325）との差額は移転損益とする。

(2) Ｐ社の連結財務諸表上の会計処理

　Ｐ社は，企業結合後もＡ社株式の５％をその他有価証券として保有するため，連結または持分法適用対象外となります。したがって，連結上の修正は不要となります。

【組織再編後の財務諸表】

Ｐ社貸借対照表

現金	1,000	資本金	1,000
諸負債	400	繰越利益剰余金	425
Ａ社株式	25	(うち，移転損益)	(125)

ポイント

　現金等の移転した事業と明らかに異なる資産を受け取る場合に，投資が清算されたとみなされる点については子会社や関連会社のケースと同様ですが，分離先企業が連結または持分法適用対象外であるため，連結財務諸表上，認識された移転損益に関して未実現損益の消去に準じた処理が発生しない点が異なります。

❹ 分離先企業が新たに子会社となる場合の会計処理

受取対価が分離先企業の株式のみであり，その結果，分離先企業が新たに分離元企業の子会社となる場合，分離元企業は，次の会計処理を行います。

(1)　分離元企業の個別財務諸表上の会計処理

本ケースにおいては，分離元企業の事業を分離先企業に移転することによって分離先企業が新たに子会社となることにより，移転した事業に係る分離元企業の投資が継続していることから，個別財務諸表上，移転損益は認識せず，分離元企業が受け取った分離先企業の株式（子会社株式）の取得原価は，移転した事業に係る株主資本相当額に基づいて算定します（事業分離会計基準17(1)）。

分離先企業の株式の取得原価の算定にあたっては，移転事業に係る株主資本相当額から移転事業に係る繰延税金資産および繰延税金負債を控除することに留意する必要があります（企業結合・事業分離適用指針98(1)本文，108(2)）。

なお，移転事業に係る株主資本相当額がマイナスの場合には，そのマイナスの金額を「組織再編により生じた株式の特別勘定」等，適切な科目をもって負債に計上します（企業結合・事業分離適用指針98(1)なお書き）

(2)　連結財務諸表上の会計処理

連結財務諸表上，分離元企業（親会社）の事業が移転されたとみなされる額と，移転した事業に係る分離元企業（親会社）の持分の減少額との間に生じる差額については，資本剰余金として処理します。なお，分離元企業は，分離先企業を取得することとなるため，分離元企業の連結財務諸表上，パーチェス法(注)を適用します（事業分離会計基準17(2)）。

(注)　パーチェス法：企業結合が「取得」に該当する場合に適用され，取得企業が被取得企業から受け入れる資産および負債の取得原価を，原則として，企業結合日における時価とし，取得原価と資本との差額をのれんとして計上する会計処理方法。

前提条件

X1年3月31日において，A社は，Y事業を営むS社を80（80株）で設立した。

X2年3月31日において，P社（3月決算）は，吸収分割によりX事業をS社に移転した。この結果，P社はS社の株式320株を受け取り，S社を80％子会社とした。

X2年3月31日におけるX事業の諸資産の時価は1,400，X事業の時価は1,600であり，Y事業の諸資産の時価は350，Y事業の時価は400である。

なお，事業分離直前においてP社はS社の株式を保有しておらず，またS社における増加すべき払込資本のうち，500を資本金とし，残額については資本剰余金（その他資本剰余金）とした。

また，実効税率は30％とする。

X2年3月31日（組織再編直前）における各社の貸借対照表は以下のとおりである。

P社貸借対照表

諸資産（X事業）	1,200	諸負債（X事業）	530
有価証券(※1)	400	繰延税金負債（有価証券）(※3)(※5)	60
棚卸資産(※2)	100	資本金	1,000
繰延税金資産（棚卸資産）(※3)(※4)	30	その他有価証券評価差額金(※6)	140

(※1) X事業に係るものであり，会計上および税務上の帳簿価額は200，時価は400である。
(※2) X事業に係るものであり，税務上の帳簿価額は200，会計上の帳簿価額は100である。
(※3) 説明の便宜上，繰延税金資産と繰延税金負債は相殺せず，両建てで表示している。
(※4) 棚卸資産に係る繰延税金資産30（＝（税務上の帳簿価額200－会計上の帳簿価額100）×30％）。
(※5) 有価証券に係る繰延税金負債60（（時価400－税務上の帳簿価額200）×30％）。
(※6) 有価証券に係るものである（（時価400－会計上の帳簿価額200）×（1－30％）＝140）。

S社貸借対照表

諸資産（Y事業）	300	資本金	200
		繰越利益剰余金	100

【スキーム図】

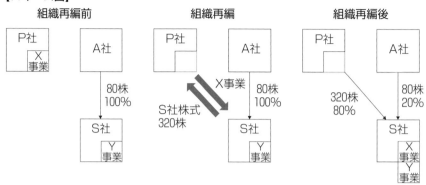

会計処理

(1) P社（分離元企業）の個別財務諸表上の会計処理

　P社の個別財務諸表上，移転損益は認識せず，P社が受け取ったS社株式の取得原価は，移転したX事業に係る株主資本相当額に基づいて算定します。

（借）	S 社 株 式 [※1]	970	（貸）	諸資産（X事業）	1,200
	諸負債（X事業）	530		有 価 証 券	400
	繰 延 税 金 負 債 （ 有 価 証 券 ）	60		棚 卸 資 産	100
	その他有価証券 評 価 差 額 金	140		繰 延 税 金 資 産 （ 棚 卸 資 産 ）	30
	繰 延 税 金 資 産 [※2] （ S 社 株 式 ）	30			

（※1）　移転したX事業に係る株主資本相当額970（＝（X事業に係る諸資産の帳簿価額1,200＋有価証券400＋棚卸資産100－X事業に係る諸負債の帳簿価額530－繰延税金負債（有価証券）60－その他有価証券評価差額金140）

（※2）　棚卸資産に係る繰延税金資産30は，S社株式に係る一時差異に対する繰延税金資産30に置き換わる。

(2) S社（分離先企業）の個別財務諸表上の会計処理

　この組織再編において，S社は株式を発行していますが，取得企業はP社となるため逆取得となります。そこで，S社の個別財務諸表上，S社が受け入れる資産および負債は，P社における移転直前の適正な帳簿価額により計上します（企業結合・事業分離適用指針87本文）。また，X事業に係る資産および負

債の移転直前の適正な帳簿価額による差額から，移転事業に係る評価・換算差額等を控除した額を払込資本（資本金または資本剰余金）として処理します。増加すべき払込資本の内訳項目（資本金，資本準備金またはその他資本剰余金）は，会社法の規定に基づき決定します（企業結合・事業分離適用指針87(1)①）。そして，X事業に係る評価・換算差額等については，P社の移転直前の適正な帳簿価額を引き継ぎます（企業結合・事業分離適用指針87(1)②）。

（借）	諸資産（X事業）	1,200	（貸）	諸負債（X事業）	530
	有 価 証 券	400		繰延税金負債	60
	棚 卸 資 産	100		（ 有 価 証 券 ）	
	繰延税金資産	30		資 本 金 (※1)	500
	（ 棚 卸 資 産 ）			資 本 剰 余 金 (※1)	500
				その他有価証券	140
				評 価 差 額 金	

(※1) 増加すべき払込資本1,000（＝X事業に係る諸資産の帳簿価額1,200＋有価証券400＋棚卸資産100＋繰延税金資産（棚卸資産）30－X事業に係る諸負債の帳簿価額530－繰延税金負債（有価証券）60－その他有価証券評価差額金140）のうち，500を資本金とし，残額を資本剰余金（その他資本剰余金）とする。

(3) P社の連結財務諸表上の会計処理

P社の連結財務諸表上，S社に係るP社の持分の増加額と，移転したX事業に係るP社の持分の減少額との差額は，P社の持分変動による差額とのれん（または負ののれん）に区分して会計処理します（企業結合・事業分離適用指針98(2)）。

① のれんの計上

P社はS社のY事業の80％を取得するため，P社の連結財務諸表上，S社の取得の会計処理においてパーチェス法を適用します。

（S社諸資産の時価評価）

（借）	諸資産（Y事業）(※1)	50	（貸）	評 価 差 額	50

(※1) Y事業に係る諸資産の評価差額（受け入れたY事業の諸資産の時価350－適正な帳簿価額300）。

（投資と資本の相殺消去）

（借）	資　本　金	200	（貸）	Ｓ　社　株　式 (※2)	320
	繰越利益剰余金	100		非支配株主持分 (※3)	70
	評　価　差　額	50			
	の　れ　ん (※1)	40			

（※１）　Ｓ社に対して投資したとみなされる額320（Ｓ社のＹ事業の時価400×80％）と，これに対応するＳ社の事業分離直前の資本280（Ｓ社のＹ事業の諸資産の時価350×80％）の差額40。

（※２）　Ｐ社がＳ社のＹ事業の80％を取得するため，連結上パーチェス法の適用による取得原価は320（＝Ｙ事業の80％に対する取得時の時価（Ｙ事業の時価400×80％））。

（※３）　非支配株主持分70（＝Ｓ社の資本（諸資産の時価を基礎にした取得原価の配分後）350×20％）。

②　親会社の持分変動による差額の計上

（借）	資　本　金	500	（貸）	Ｓ　社　株　式 (※2)	650
	資　本　剰　余　金	500		繰延税金資産 (※3)	30
	その他有価証券 (※1)	28		（Ｓ社株式）	
	評　価　差　額　金			非支配株主持分 (※4)	222
				資　本　剰　余　金 (※5)	126

（※１）　その他有価証券評価差額金に係る非支配株主持分の振替28＝移転したＸ事業に係るその他有価証券評価差額金140×20％

（※２）　事業分離による取得原価970－Ｙ事業の新規取得に要した額320（上述①（※2）を参照）

（※３）　Ｐ社の個別財務諸表上に計上されたＳ社株式に関連する繰延税金資産30を消去。

（※４）　移転したＸ事業に係る非支配株主持分222＝194（＝Ｘ事業の取得原価970×20％）＋28（※1）

（※５）　Ｐ社の連結財務諸表上，Ｘ事業が移転されたとみなされる額320（Ｘ事業の時価1,600×20％）と，移転したＸ事業に係るＰ社持分の減少額194（移転したＸ事業の株主資本相当額970×20％）との差額126は，①にて支配獲得後，支配関係が継続している場合の親会社持分の変動であるため，資本剰余金として処理する。なお，当該金額は，Ｓ社株式の取得原価970（移転したＸ事業に係る株主資本相当額）とこれに対応するＰ社の持分1,096（（移転したＸ事業の株主資本相当額970＋Ｙ事業の時価400）×80％）の差額126と同額となる。

【組織再編後の財務諸表】

Ｐ社貸借対照表

Ｓ社株式	970	資本金	1,000
繰延税金資産（Ｓ社株式）	30		

S社貸借対照表

諸資産（X事業）	1,200	諸負債（X事業）	530
諸資産（Y事業）	300	繰延税金負債（有価証券）	60
有価証券	400	資本金	700
棚卸資産	100	資本剰余金	500
繰延税金資産（棚卸資産）	30	繰越利益剰余金	100
		その他有価証券評価差額金	140

P社連結貸借対照表

諸資産（X事業）	1,200	諸負債（X事業）	530
諸資産（Y事業）	350	繰延税金負債（有価証券）	60
有価証券	400	資本金	1,000
棚卸資産	100	資本剰余金	126
のれん	40	その他有価証券評価差額金	112
繰延税金資産（棚卸資産）	30	非支配株主持分	292

◁ ポイント ▷ ··

　分離先企業が新たに子会社となるケースにおいては，投資が継続しているとみなされるため，個別財務諸表上，移転損益は認識されません。また，連結財務諸表上，分離元企業（親会社）の事業が移転したとみなされる額と，移転した事業に係る分離元企業（親会社）の持分の減少額との間に生じる差額については，資本剰余金として処理される点に留意が必要です。

··

❺ 分離先企業が関連会社から子会社となる場合の会計処理

　受取対価が分離先企業の株式のみであり，その結果，分離先企業が分離元企業の関連会社から子会社となる場合，分離元企業は，次の会計処理を行います。

(1)　分離元企業の個別財務諸表上の会計処理

　本ケースにおいては，分離元企業はすでに分離先企業を関連会社としており，移転した事業に係る分離元企業の投資が継続していることから，個別財務諸表上，移転損益は認識せず，分離元企業が受け取った分離先企業の株式（子会社株式）の取得原価は，移転した事業に係る株主資本相当額に基づいて算定します（事業分離会計基準18(1)）。

　分離先企業の株式の取得原価の算定にあたっては，移転事業に係る株主資本相当額から移転事業に係る繰延税金資産および繰延税金負債を控除することに留意する必要があります（企業結合・事業分離適用指針99本文，98(1)本文）。

　なお，移転事業に係る株主資本相当額がマイナスの場合には，まず，事業分離前から保有していた分離先企業の株式の帳簿価額を充て，これを超えることとなったマイナスの金額を「組織再編により生じた株式の特別勘定」等，適切な科目をもって負債に計上します（企業結合・事業分離適用指針99(1)また書き）。

(2)　連結財務諸表上の会計処理

　連結財務諸表上，分離元企業（親会社）の事業が移転されたとみなされる額と，移転した事業に係る分離元企業（親会社）の持分の減少額との間に生じる差額については，資本剰余金として処理します（事業分離会計基準18(2)本文）。

　分離元企業の連結財務諸表上，分離先企業を被取得企業としてパーチェス法を適用する際，分離先企業に対して投資したとみなされる額は，分離元企業が追加的に受け取った分離先企業の株式の取得原価と事業分離前に有していた分離先企業の株式の支配獲得時（事業分離日）の時価の合計額とします。これは，

分離元企業が追加取得により分離先企業を支配することは，単に株式を追加取得することとは大きく異なり，支配を獲得したことにより過去に所有していた投資の実態または本質が変わったものとみなし，その時点で投資が一旦清算され，改めて投資を行ったと考えることによるものです。そして，支配獲得時点の時価である新たな投資原価と支配を獲得するに至った個々の取引ごとの原価の合計額（持分法による評価額）との差額は，当期の段階取得に係る損益として処理します。

　また，その投資したとみなされる額と，これに対応する分離先企業の事業分離直前の資本との差額は，のれん（または負ののれん）として処理します。（事業分離会計基準18(2)なお書き）。

設例

前提条件

　X1年3月31日において，P社（3月決算）およびA社（3月決算）は，Y事業を営むS社（3月決算）を100（100株）で設立し，P社が20（20株）を関連会社株式として，A社が80（80株）を子会社株式として引き受けた。

　X2年3月31日において，P社は，吸収分割によりX事業をS社に移転した。この結果，P社はS社の株式300株を受け取り，S社を80%子会社とした。

　X2年3月31日におけるX事業の諸資産の時価は1,400，X事業の時価は1,500であり，Y事業の諸資産の時価は400，Y事業の時価は500である。

　なお，S社における増加すべき払込資本のうち，500を資本金とし，残額については資本剰余金（その他資本剰余金）とした。

　X2年3月31日（組織再編直前）における各社の貸借対照表は以下のとおりである。

P社貸借対照表

諸資産（X事業）	1,200	資本金	1,000
S社株式	40	繰越利益剰余金	40
		その他有価証券評価差額金[※1]	200

（※1）　諸資産（X事業）に関連するものである。

S社貸借対照表

| 諸資産（Y事業） | 300 | 資本金 | 200 |
| | | 繰越利益剰余金 | 100 |

【スキーム図】

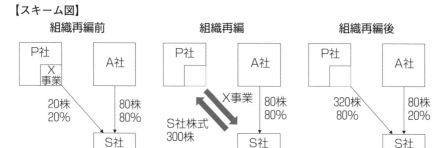

組織再編前   組織再編   組織再編後

会計処理

(1) P社（分離元企業）の個別財務諸表上の会計処理

　P社の個別財務諸表上，移転損益は認識せず，P社が受け取ったS社株式の取得原価は，移転したX事業に係る株主資本相当額に基づいて算定します。

| （借） | S 社 株 式[※1] | 1,000 | （貸） | 諸資産（X事業） | 1,200 |
| | その他有価証券評価差額金 | 200 | | | |

（※1）　移転したX事業に係る株主資本相当額1,000（＝X事業に係る諸資産の帳簿価額1,200－その他有価証券評価差額金200）

(2) S社（分離先企業）の個別財務諸表上の会計処理

　この組織再編において，S社は株式を発行していますが，取得企業はP社となるため逆取得となります。そこで，S社の個別財務諸表上，S社が受け入れる資産および負債は，P社における移転直前の適正な帳簿価額により計上します（企業結合・事業分離適用指針87本文）。また，X事業に係る資産および負債の移転直前の適正な帳簿価額による差額から，移転事業に係る評価・換算差額等を控除した額を払込資本（資本金または資本剰余金）として処理します。増加すべき払込資本の内訳項目（資本金，資本準備金またはその他資本剰余

金）は，会社法の規定に基づき決定します（企業結合・事業分離適用指針87(1)
①）。そして，X事業に係る評価・換算差額等については，P社の移転直前の
適正な帳簿価額を引き継ぎます（企業結合・事業分離適用指針87(1)②）。

（借）諸資産（X事業）	1,200	（貸）その他有価証券評価差額金	200
		資　本　金 (※1)	500
		資本剰余金 (※1)	500

（※1）　増加すべき払込資本1,000（X事業に係る諸資産の帳簿価額1,200−その他有価証券評価差額金200）のうち，500を資本金とし，残額を資本剰余金（その他資本剰余金）とする。

(3)　P社の連結財務諸表上の会計処理

　P社の連結財務諸表上，S社に係るP社の持分の増加額と，移転したX事業に係るP社の持分の減少額との差額は，P社の持分変動による差額とのれん（または負ののれん）に区分して会計処理します（企業結合・事業分離適用指針99(2)）。

①　開始仕訳（持分法の適用）

（借）S　社　株　式	20	（貸）繰越利益剰余金 (※1)	20

（※1）　S社個別財務諸表上の繰越利益剰余金100×持分比率20％

②　段階取得に係る会計処理

（借）S　社　株　式	40	（貸）段階取得に係る差益 (※1)	40

（※1）　連結財務諸表上，P社が保有していたS社の株式の事業分離日の時価を加算することになり，S社株式には市場価格がないため，S社のY事業に係る時価500の20％である100を時価とした。P社はS社株式を関連会社株式として保有していたため，その時価100と持分法による評価額60（P社個別財務諸表上の帳簿価額40＋開始仕訳20（上述①（※1）を参照））との差額40は当期の段階取得に係る差益として処理する。

③　のれんの計上

　P社はS社のY事業を支配するため，P社の連結財務諸表上，S社の取得の会計処理においてパーチェス法を適用します。

（S社諸資産の時価評価）

（借）	諸資産（Y事業）(※1)	100	（貸）	評 価 差 額	100

(※1) Y事業に係る諸資産の評価差額（受け入れたY事業の諸資産の時価400－適正な帳簿価額300）。

（投資と資本の相殺消去）

（借）	資 本 金	200	（貸）	S 社 株 式(※2)	400
	繰越利益剰余金	100		非支配株主持分(※3)	80
	評 価 差 額	100			
	の れ ん(※1)	80			

(※1) S社に対して投資したとみなされる額400（S社のY事業の時価500×80％）と、これに対応するS社の事業分離直前の資本320（S社のY事業の諸資産の時価400×80％）。

(※2) P社がS社のY事業の80％を取得するため、連結上パーチェス法の適用による取得原価は400（＝Y事業の80％（当初20％＋追加取得60％）に対する支配獲得時の時価（Y事業の時価500×80％））。

(※3) 非支配株主持分80（＝S社の資本（諸資産の時価を基礎にした取得原価の配分後）400×20％）。

④ 親会社の持分変動による差額の計上

（借）	資 本 金	500	（貸）	S 社 株 式(※2)	700
	資 本 剰 余 金	500		非支配株主持分(※3)	240
	その他有価証券(※1)評 価 差 額 金	40		資 本 剰 余 金(※4)	100

(※1) その他有価証券評価差額金に係る非支配株主持分の振替40＝移転したX事業に係るその他有価証券評価差額金200×20％

(※2) S社株式700＝事業分離による取得原価1,100（＝P社個別財務諸表上のS社株式の帳簿価額40＋X事業に係る株主資本相当額1,000＋開始仕訳20（上述①（※1）を参照）＋段階取得に係る時価評価差額40（上述②（※1）を参照））－Y事業の新規取得に要した額400（上述③（※2）を参照）

(※3) 移転したX事業に係る非支配株主持分240＝200（＝X事業の取得原価1,000×20％）＋40（※1）

(※4) P社の連結財務諸表上、X事業が移転されたとみなされる額300（X事業の時価1,500×20％）と、移転したX事業に係るP社持分の減少額200（移転したX事業の株主資本相当額1,000×20％）との差額の100は、資本剰余金として処理する。

【組織再編後の財務諸表】

P社貸借対照表

S社株式	1,040	資本金	1,000
		繰越利益剰余金	40

S社貸借対照表

諸資産（X事業）	1,200	資本金	700
諸資産（Y事業）	300	資本剰余金	500
		繰越利益剰余金	100
		その他有価証券評価差額金	200

P社連結貸借対照表

諸資産（X事業）	1,200	資本金	1,000
諸資産（Y事業）	400	資本剰余金	100
のれん	80	繰越利益剰余金	100
		その他有価証券評価差額金	160
		非支配株主持分	320

> ポイント
>
> 　新たに子会社となるケースと異なり，連結財務諸表上，追加取得による子会社化の形をとるため，事業分離前に分離元企業が保有していた分離先企業の株式に係る時価と持分法による評価額の差額は，段階取得に係る損益として計上される点に留意が必要です。

❻ 分離先企業が子会社で追加取得となる場合の会計処理

受取対価が分離先企業の株式のみであり，すでに子会社である分離先企業の株式の追加取得となる場合の分離元企業は，次の処理を行います。

(1) 分離元企業の個別財務諸表上の会計処理

本ケースにおいては，分離先企業が引き続き子会社であることにより，移転した事業に係る分離元企業の投資が継続していることから，個別財務諸表上，移転損益は認識せず，分離元企業が追加取得した分離先企業の株式（子会社株式）の取得原価は，移転した事業に係る株主資本相当額に基づいて算定します（事業分離会計基準19(1)）。

(2) 連結財務諸表上の会計処理

連結財務諸表上，追加取得により，子会社に係る分離元企業（親会社）の持分の増加額（追加取得持分）と，移転した事業に係る分離元企業（親会社）の持分の減少額との間に生じる差額は，資本剰余金として処理します（事業分離会計基準19(2)）。

設例

前提条件

X１年３月31日において，P社（３月決算）およびA社（３月決算）は，Y事業を営むS社（３月決算）を100（100株）で設立し，P社が60（60株）を子会社株式として，A社が40（40株）を関連会社株式として引き受けた。

X２年３月31日において，P社は，吸収分割によりX事業をS社に移転した。この結果，P社はS社の株式100株を追加取得し，S社に対する持分は80％に増加した。

X２年３月31日におけるX事業の諸資産の時価は1,400，X事業の時価は1,500

であり，Y事業の諸資産の時価は700，Y事業の時価は1,500である。

　なお，S社における増加すべき払込資本のうち，500を資本金とし，残額については資本剰余金（その他資本剰余金）とした。

　X2年3月31日（組織再編直前）における各社の貸借対照表は以下のとおりである。

P社貸借対照表

諸資産（X事業）	1,200	資本金	1,000
S社株式	120	繰越利益剰余金	120
		その他有価証券評価差額金[※1]	200

（※1）　諸資産（X事業）に関連するものである。

S社貸借対照表

| 諸資産（Y事業） | 300 | 資本金 | 200 |
| | | 繰越利益剰余金 | 100 |

【スキーム図】

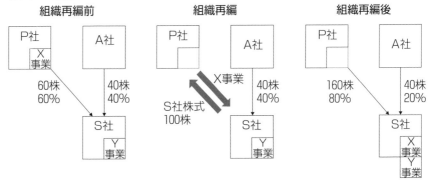

会計処理

(1)　P社（分離元企業）の個別財務諸表上の会計処理

　P社の個別財務諸表上，移転損益は認識せず，P社が追加取得したS社株式の取得原価は，移転したX事業に係る株主資本相当額に基づいて算定します。

| (借) | S 社 株 式[※1] | 1,000 | (貸) | 諸資産（X事業） | 1,200 |
| | その他有価証券
評 価 差 額 金 | 200 | | | |

（※1）　移転したX事業に係る株主資本相当額1,000（＝X事業に係る諸資産の帳簿価額1,200
　　　　－その他有価証券評価差額金200）

(2)　S社（分離先企業）の個別財務諸表上の会計処理

　この組織再編において，S社は株式を発行していますが，取得企業はP社となるため逆取得となります。そこで，S社の個別財務諸表上，S社が受け入れる資産および負債は，P社における移転直前の適正な帳簿価額により計上します（企業結合・事業分離適用指針87本文）。また，X事業に係る資産および負債の移転直前の適正な帳簿価額による差額から，移転事業に係る評価・換算差額等を控除した額を払込資本（資本金または資本剰余金）として処理します。増加すべき払込資本の内訳項目（資本金，資本準備金またはその他資本剰余金）は，会社法の規定に基づき決定します（企業結合・事業分離適用指針87(1)①）。そして，X事業に係る評価・換算差額等については，P社の移転直前の適正な帳簿価額を引き継ぎます（企業結合・事業分離適用指針87(1)②）。

（借）　諸資産（X事業）	1,200	（貸）　その他有価証券 　　　　評　価　差　額　金	200
		資　　　本　　　金 (※1)	500
		資　本　剰　余　金 (※1)	500

（※1）　増加すべき払込資本1,000（X事業に係る諸資産の帳簿価額1,200－その他有価証券評
　　　　価差額金200）のうち，500を資本金とし，残額を資本剰余金（その他資本剰余金）と
　　　　する。

(3)　P社の連結財務諸表上の会計処理

　P社の連結財務諸表上，S社に係るP社の持分の増加額と，移転したX事業に係るP社の持分の減少額との差額は，資本剰余金として処理します。

①　開始仕訳（当初取得分に係る投資と資本の相殺等）

| （借）　資　　　本　　　金 | 200 | （貸）　S　社　株　式 | 120 |
| 　　　　繰越利益剰余金 (※1) | 40 | 　　　　非支配株主持分 (※2) | 120 |

（※1）　S社個別財務諸表上の繰越利益剰余金100×非支配株主持分比率40％
（※2）　S社個別財務諸表上の資本300（資本金200＋繰越利益剰余金100）×非支配株主持
　　　　分比率40％

② 資本連結（追加取得相当に係る投資と資本の相殺等）

（借）	資　本　金	500	（貸）	Ｓ　社　株　式	1,000
	資 本 剰 余 金	500		非支配株主持分 [※1]	40
	その他有価証券 [※1]	40			
	評 価 差 額 金				

（※1）　その他有価証券評価差額金に係る非支配株主持分の振替40＝移転したＸ事業に係る
その他有価証券評価差額金200×20％

③ 親会社の持分変動による差額の計上

（借）	資 本 剰 余 金 [※1]	140	（貸）	非支配株主持分	140

（※1）　Ｐ社の連結財務諸表上，Ｓ社に係るＰ社持分の増加額（追加取得持分）60（Ｓ社の
資本300×20％）と，移転したＸ事業に係るＰ社持分の減少額200（移転したＸ事業の
株主資本相当1,000×20％）との差額の140は，資本剰余金として処理する。

④ マイナスとなった資本剰余金の繰越利益剰余金への振替え

これまでの仕訳の結果，資本剰余金がマイナスの値となるため，資本剰余金
をゼロとし，当該マイナス分を繰越利益剰余金から減額します（連結会計基準
30-2）。

（借）	繰越利益剰余金	140	（貸）	資 本 剰 余 金 [※1]	140

（※1）　Ｓ社個別財務諸表上の会計処理における資本剰余金計上額500－資本連結による消
去500（上述②を参照）－Ｐ社の持分変動による差額の計上140（上述③（※1）を参
照）

【組織再編後の財務諸表】

P社貸借対照表

S社株式	1,120	資本金	1,000
		繰越利益剰余金	120

S社貸借対照表

諸資産（X事業）	1,200	資本金	700
諸資産（Y事業）	300	資本剰余金	500
		繰越利益剰余金	100
		その他有価証券評価差額金	200

P社連結貸借対照表

諸資産（X事業）	1,200	資本金	1,000
諸資産（Y事業）	300	資本剰余金	－
		繰越利益剰余金	40
		その他有価証券評価差額金	160
		非支配株主持分	300

ポイント ••

　分離先企業が子会社で追加取得となるケースにおいては，新たに子会社となるケースと同様，投資が継続しているとみなされるため，個別財務諸表上，移転損益は認識されません。また，連結財務諸表上，子会社株式の追加取得の形をとるため，分離元企業（親会社）の持分の増加額（追加取得持分）と，移転した事業に係る分離元企業（親会社）の持分の減少額との間に生じる差額が資本剰余金として処理される点に留意が必要です。

••

❼ 分離先企業が新たに関連会社となる場合の会計処理

　受取対価が分離先企業の株式のみであり，その結果，分離先企業が新たに分離元企業の関連会社となる場合，分離元企業は，次の会計処理を行います。

(1)　分離元企業の個別財務諸表上の会計処理

　本ケースにおいては，分離元企業の事業を分離先企業に移転することによって分離先企業が新たに関連会社となることにより，移転した事業に係る分離元企業の投資が継続していることから，個別財務諸表上，移転損益は認識せず，分離元企業が受け取った分離先企業の株式（関連会社株式）の取得原価は，移転した事業に係る株主資本相当額に基づいて算定します（事業分離会計基準20(1)）。また，分離先企業の株式の取得原価の算定にあたっては，移転事業に係る株主資本相当額から移転事業に係る繰延税金資産および繰延税金負債を控除することに留意する必要があります（企業結合・事業分離適用指針100(1)）。

　なお，移転事業に係る株主資本相当額がマイナスの場合には，分離先企業が新たに子会社となる場合に準じ，そのマイナスの金額を「組織再編により生じた株式の特別勘定」等，適切な科目をもって負債に計上します（企業結合・事業分離適用指針100(1)なお書き，98(1)なお書き）。

(2)　連結財務諸表上の会計処理

　分離元企業は既存事業を分離先企業に移転しますが，分離元企業は分離先企業の株式を所有することになるため，その持分だけ継続して既存事業を所有することになります。そのため，この取引は，「分離先企業に対する持分の増加」と「既存事業に対する持分の減少」の交換であると考えられます。

　そこで，連結財務諸表上，分離先企業が新たに関連会社になる場合，その持分法適用において，①「分離先企業に対する持分の増加（分離先企業に対して投資したとみなされる額）」と②「既存事業に対する持分の減少（分離元企業

の事業が移転されたとみなされる額）」のそれぞれにおいて，時価と対応する資本等に差額が生じるため，その差額をどのように会計処理するかがポイントとなります。会計基準では，次のように定められています。

① 分離先企業に対して投資したとみなされる額と，これに対応する分離先企業の事業分離直前の資本（関連会社に係る分離元企業の持分の増加額）との間に生じる差額については，のれん（または負ののれん）として処理する（事業分離会計基準20(2)①）。
② 分離元企業の事業が移転されたとみなされる額と，移転した事業に係る分離元企業の持分の減少額との間に生じる差額については，持分変動差額として取り扱う（事業分離会計基準20(2)②）。

　ただし，上記①と②のいずれかの金額に重要性が乏しいと考えられる場合には，重要性のある他の金額に含めて処理することができます（事業分離会計基準20(2)ただし書き）。

設例

前提条件

　X1年3月31日において，A社（3月決算）は，Y事業を営むS社（3月決算）を400（80株）で設立した。

　X2年3月31日において，P社（3月決算）は，吸収分割によりX事業をS社に移転した。この結果，P社はS社の株式20株を受け取り，S社を関連会社とした。

　X2年3月31日におけるX事業の諸資産の時価は200，X事業の時価は250であり，Y事業の諸資産の時価は800，Y事業の時価は1,000である。

　X2年3月31日（組織再編直前）における各社の貸借対照表は以下のとおりである。

P社貸借対照表

諸資産（X事業）	150	資本金	100
		その他有価証券評価差額金[※1]	50

（※1）　諸資産（X事業）に関連するものである。

S社貸借対照表

諸資産（Y事業）	600	資本金	400
		繰越利益剰余金	200

【スキーム図】

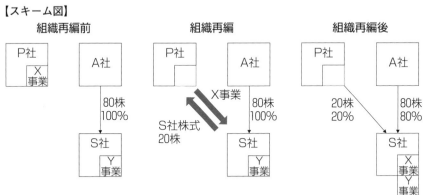

組織再編前　　　　　　組織再編　　　　　　組織再編後

会計処理

(1)　P社（分離元企業）の個別財務諸表上の会計処理

　P社の個別財務諸表上，移転損益は認識せず，P社が受け取ったS社株式の取得原価は，移転したX事業に係る株主資本相当額に基づいて算定します。

(借)	S　社　株　式 [※1]	100	(貸)	諸資産（X事業）	150
	その他有価証券 [※2] 評　価　差　額　金	50			

(※1)　移転したX事業に係る株主資本相当額100（＝X事業に係る諸資産の帳簿価額150－その他有価証券評価差額金50）

(2)　P社の連結財務諸表上の会計処理

　P社は，企業結合後にS社株式を20％保有し，持分法適用関連会社とします。なお，解説の便宜上，当該2社のみにて連結財務諸表を作成することとします。

①　のれんの算定（S社に対する投資と資本の差額）

　関連会社となるS社（のY事業）に係るP社の持分の増加（20％）について，持分法適用上，部分時価評価法（原則法）の適用により，のれん40（借方）（＝S社に対して投資したとみなされる額200 [※1] － S社に係るP社の持分の

増加額160$^{(※2)}$）を算定します。

持分法のため，仕訳なし

（※1）　S社に対して投資したとみなされる額200＝S社（のY事業）の時価1,000×20%
（※2）　S社に係るP社の持分の増加額160＝投資に対応するS社の事業分離直前の資本800
　　　　　（資本金400＋繰越利益剰余金200＋Y事業に係る諸資産の時価評価差額200（時価800
　　　　　－帳簿価額600））×20%

②　持分変動差額の認識（移転したX事業に係る持分変動差額）

　移転したX事業に係るP社の持分の減少（80%（＝100%－20%））により生じた差額120（貸方）（P社のX事業が移転したとみなされる額200$^{(※1)}$－移転したX事業に係るP社の持分の減少額80$^{(※2)}$は，持分変動差額（特別損益）として取り扱います。これは，X事業に係るP社持分が100%から20%に減少したことで，支配が継続せずX事業に係る含み益が実現したと考えられることによります。

（借）　S 社 株 式　　　　　120　（貸）　持分変動差額　　　　　120

（※1）　P社のX事業が移転されたとみなされる額200＝移転したX事業の時価250×80%
　　　　　（これは上述①（※1）のS社に対して投資したとみなされる額と同額となる）
（※2）　移転したX事業に係るP社の持分の減少額80（移転したX事業の株主資本相当額
　　　　　100×80%）。

【組織再編後の財務諸表】

P社貸借対照表

S社株式	100	資本金	100

P社連結貸借対照表

S社株式	220	資本金	100
（うち，のれん相当額）$^{(※1)}$	(40)	繰越利益剰余金	120
		（うち，持分変動差額）	(120)

（※1）　上記(2)P社の連結財務諸表上の会計処理①参照。

> ### ポイント
>
> 　分離先企業が新たに関連会社となるケースにおいては，分離先企業が子会社となるケースと同様，投資が継続しているとみなされるため，個別財務諸表上，移転損益は認識されません。また，連結財務諸表上，分離元企業の事業が移転されたとみなされる額と，移転した事業に係る分離元企業の持分の減少額との間に生じる差額が持分変動差額（特別損益）として処理される点に留意が必要です。

ケース　会社分割×受取対価が分離先企業の株式のみの場合

❽ 事業分離前に分離元企業が分離先企業の株式をその他有価証券として有しており，追加取得により関連会社となる場合の会計処理

　受取対価が分離先企業の株式のみであり，すでにその他有価証券として保有している分離先企業の株式の追加取得となることで，分離先企業が関連会社となる場合，分離元企業は次の会計処理を行います。

(1)　分離元企業の個別財務諸表上の会計処理

　個別財務諸表上，移転損益は認識せず，分離元企業が追加取得した分離先企業の株式の取得原価は，移転した事業に係る株主資本相当額に基づいて算定します（事業分離会計基準21(1)）。また，分離先企業の株式の取得原価の算定にあたっては，移転事業に係る株主資本相当額から移転事業に係る繰延税金資産および繰延税金負債を控除することに留意する必要があります（企業結合・事業分離適用指針101本文，100(1)）。

　なお，移転事業に係る株主資本相当額がマイナスの場合には，まず，事業分離前から保有していた分離先企業の株式の帳簿価額を充て，これを超えることとなったマイナスの金額を「組織再編により生じた株式の特別勘定」等，適切な科目をもって負債に計上します（企業結合・事業分離適用指針101ただし書き，99(1)また書き）。

(2)　連結財務諸表上の会計処理

　分離元企業は既存事業を分離先企業に移転しますが，分離元企業は分離先企業の株式を所有することになるため，その持分だけ継続して既存事業を所有することになります。そのため，この取引は，「分離先企業に対する持分の増加」と「既存事業に対する持分の減少」の交換であると考えられます。

　そこで，連結財務諸表上，分離先企業の株式（その他有価証券）を有し，事業分離により分離先企業が新たに関連会社になる場合，その持分法適用におい

て，①「分離先企業に対する持分の増加（分離先企業に対して投資したとみなされる額)」と②「既存事業に対する持分の減少（分離元企業の事業が移転されたとみなされる額)」のそれぞれにおいて，時価と対応する資本等に差額が生じるため，その差額をどのように会計処理するかがポイントとなります。会計基準では，次のように定められています。

---

① 分離先企業の株式を受け取った取引ごとに分離先企業に対して投資したとみなされる額の合計と，その取引ごとに対応する分離先企業の資本（原則として，部分時価評価法の原則法により，取得日ごとに資産および負債を時価評価した後の評価差額を含む）の合計との間に生じる差額については，のれん（または負ののれん）として処理する（事業分離会計基準21(2)①，企業結合・事業分離適用指針101また書き)。

　これは，追加取得後においても分離元企業は分離先企業を支配していないため，当初取得分について清算されたとは考えず，取引ごとに処理することによるものである。

② 分離元企業の事業が移転されたとみなされる額と，移転した事業に係る分離元企業の持分の減少額との間に生じる差額については，持分変動差額として取り扱う（事業分離会計基準21(2)②，企業結合・事業分離適用指針100(2))。

ただし，上記①と②のいずれかの金額に重要性が乏しいと考えられる場合には，重要性のある他の金額に含めて処理することができます（事業分離会計基準20(2)ただし書き)。

設例

前提条件

　X1年3月31日において，P社（3月決算）およびA社（3月決算）は，Y事業を営むS社（3月決算。非上場）を400（80株）で設立し，P社が40（8株）をその他有価証券として，A社が360（72株）を子会社株式として引き受けた。

　X2年3月31日において，P社は，吸収分割によりX事業をS社に移転した。この結果，P社はS社の株式10株を受け取り，S社を関連会社とした。

　X2年3月31日におけるX事業の諸資産の時価は175，X事業の時価は200であり，Y事業の諸資産の時価は1,100，Y事業の時価は1,600である。

　X2年3月31日（組織再編直前）における各社の貸借対照表は以下のとおり

である。

P社貸借対照表

諸資産（X事業）	150	資本金	100
S社株式	40	繰越利益剰余金	40
		その他有価証券評価差額金^{（※1）}	50

（※1） 諸資産（X事業）に関連するものである。

S社貸借対照表

| 諸資産（Y事業） | 600 | 資本金 | 400 |
| | | 繰越利益剰余金 | 200 |

【スキーム図】

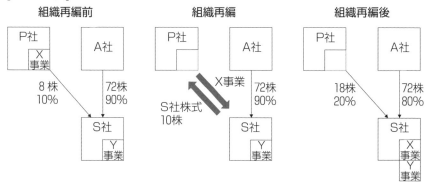

(会計処理)

(1) P社（分離元企業）の個別財務諸表上の会計処理

P社の個別財務諸表上，移転損益は認識せず，P社が追加取得したS社株式の取得原価は，移転したX事業に係る株主資本相当額に基づいて算定します。

| （借） S 社 株 式^{（※1）} | 100 | （貸） 諸資産（X事業） | 150 |
| その他有価証券 評 価 差 額 金 | 50 | | |

（※1） 移転したX事業に係る株主資本相当額100（＝X事業に係る諸資産の帳簿価額150－
　　　　その他有価証券評価差額金50)

(2) P社の連結財務諸表上の会計処理

P社は，追加取得後にS社株式を20％保有し，持分法適用関連会社とします。

なお，解説の便宜上，当該2社のみにて連結財務諸表を作成することとします。

① S社に対する持分法の適用（当初取得分）

（借）	S 社 株 式	20	（貸）	繰越利益剰余金 [※1]	20

（※1）　以下の合計20の繰越利益剰余金が計上される。
- のれんの償却：0 ＝投資原価40－持分額40（S社資本金400×当初持分比率10％）
  ※　部分時価評価法（原則法）によるが，設立時出資であり，時価評価されるべき資産および負債はなく，よって投資原価と持分額の差額はゼロとなる。
- 取得後利益剰余金：20（貸方）＝S社における繰越利益剰余金200×当初持分比率10％

  S社における繰越利益剰余金200は，X2年3月期の利益によるものであるが，X2年3月31日時点に新たに関連会社となるため，損益を通さず繰越利益剰余金を増加させている。

② のれんの算定および持分変動差額の認識に関する会計処理

(a)　のれんの算定（S社に対する追加取得と資本の差額）

関連会社となるS社（のY事業）に係るP社の持分の増加（10％）について，持分法適用上，部分時価評価法（原則法）の適用により，のれん50（借方）（＝S社に対して投資したとみなされる額160 [※1] － S社に係るP社の持分の増加額110 [※2]）を算定します。

持分法のため，仕訳なし

（※1）　S社に対して投資したとみなされる額160＝S社（のY事業）の時価1,600×追加取得持分比率10％
（※2）　S社に係るP社の持分の増加額110＝投資に対応するS社の事業分離直前の資本1,100（資本金400＋繰越利益剰余金200＋Y事業に係る諸資産の時価評価差額500（時価1,100－帳簿価額600））×追加取得持分比率10％

(b)　持分変動差額の認識（移転したX事業に係る持分変動差額）

移転したX事業に係るP社の持分の減少（80％（＝100％－20％））により生じた差額80（貸方）（P社のX事業が移転したとみなされる額160 [※1] －移転したX事業に係るP社の持分の減少額80 [※2]）は，持分変動差額（特別損益）として取り扱います。これは，X事業に係るP社持分が100％から20％に減少したことで，支配が継続せずX事業に係る含み益が実現したと考えられること

によります。

（借）　S　社　株　式	80	（貸）　持　分　変　動　差　額	80

（※1）　P社のX事業が移転されたとみなされる額160＝移転したX事業の時価200×80％
（これは上述(a)（※1）のS社に対して追加取得したとみなされる額と同額となる）

（※2）　移転したX事業に係るP社の持分の減少額80（移転したX事業の株主資本相当額
100×80％）。

【組織再編後の財務諸表】

P社貸借対照表

S社株式	140	資本金	100
		繰越利益剰余金	40

P社連結貸借対照表

S社株式	240	資本金	100
		繰越利益剰余金	140
		（うち，持分変動差額）	(80)

> ポイント
>
> 　追加取得後においても分離元企業は分離先企業を支配していないため，当初取得分の株式について清算されたとは考えず，取引ごとに会計処理を行う必要があり，連結財務諸表上，当初取得持分に関して，持分法上の評価額への修正が必要となる点に留意が必要です。

❾ 分離先企業がすでに関連会社で，追加取得後も引き続き関連会社となる場合の会計処理

　受取対価が分離先企業の株式のみであり，すでに関連会社である分離先企業が，追加取得後も引き続き関連会社となる場合，分離元企業は次の会計処理を行います。

(1)　分離元企業の個別財務諸表上の会計処理

　個別財務諸表上，移転損益は認識せず，当該分離元企業が追加取得した分離先企業の株式（関連会社株式）の取得原価は，移転した事業に係る株主資本相当額に基づいて算定します（事業分離会計基準22(1)）。また，分離先企業の株式の取得原価の算定にあたっては，移転事業に係る株主資本相当額から移転事業に係る繰延税金資産および繰延税金負債を控除することに留意する必要があります（企業結合・事業分離適用指針102，100(1)）。

　なお，移転事業に係る株主資本相当額がマイナスの場合には，事業分離により分離先企業が新たに分離元企業の子会社となる場合に準じて処理します。具体的には，そのマイナスの金額を「組織再編により生じた株式の特別勘定」等，適切な科目をもって負債に計上します（企業結合・事業分離適用指針102，100(1)なお書き，98(1)なお書き）。

(2)　連結財務諸表上の会計処理

　分離元企業は既存事業を分離先企業に移転しますが，分離元企業は分離先企業の株式を所有することになるため，その持分だけ継続して既存事業を所有することになります。そのため，この取引は①「分離先企業に対する持分の増加」と②「既存事業に対する持分の減少」で構成されると考えられます。

　そこで，連結財務諸表上，関連会社株式の追加取得となる場合，その持分法適用において，①「分離先企業に対する持分の増加（分離先企業に対して投資

したとみなされる額）」と②「既存事業に対する持分の減少（分離元企業の事業が移転されたとみなされる額）」のそれぞれにおいて，時価と対応する資本等に差額が生じるため，その差額をどのように会計処理するかがポイントとなります。会計基準では，次のように定められています。

　なお，追加取得後においても分離元企業は分離先企業を支配していないため，当初取得分について清算されたとは考えず，取引ごとにその差額を処理します。

---

①　分離先企業に対して追加投資したとみなされる額と，これに対応する分離先企業の事業分離直前の資本（追加取得持分）との間に生じる差額については，のれん（または負ののれん）として処理する（事業分離会計基準22(2)①）。

　　これは，追加取得後においても分離元企業は分離先企業を支配していないため，既存取得分について清算されたとは考えず，追加投資について処理することによるものである。

②　分離元企業の事業が移転されたとみなされる額と，移転した事業に係る分離元企業の持分の減少額との間に生じる差額については，持分変動差額として取り扱う（事業分離会計基準22(2)②）。

　ただし，上記①と②のいずれかの金額に重要性が乏しいと考えられる場合には，重要性のある他の金額に含めて処理することができます（事業分離会計基準20(2)ただし書き）。

設例

（前提条件）

　X1年3月31日において，P社（3月決算）およびA社（3月決算）は，Y事業を営むS社（3月決算。非上場）を400（90株）で設立し，P社が80（18株）を関連会社株式として，A社が320（72株）を子会社株式として引き受けた。

　X2年3月31日において，P社は，吸収分割によりX事業をS社に移転した。この結果，P社はS社の株式30株を追加取得し，S社に対する持分は40％に増加した。

　X2年3月31日におけるX事業の諸資産の時価は350，X事業の時価は600であり，Y事業の諸資産の時価は1,200，Y事業の時価は1,800である。

　X2年3月31日（組織再編直前）における各社の貸借対照表は以下のとおり

である。

P社貸借対照表

諸資産（X事業）	150	資本金	100
S社株式	80	繰越利益剰余金	80
		その他有価証券評価差額金(※1)	50

（※1）　諸資産（X事業）に関連するものである。

S社貸借対照表

諸資産（Y事業）	600	資本金	400
		繰越利益剰余金	200

【スキーム図】

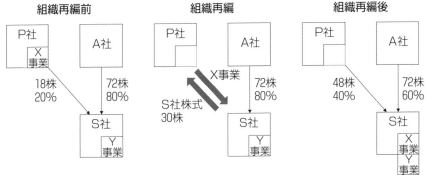

組織再編前　　　　組織再編　　　　組織再編後

会計処理

(1)　P社（分離元企業）の個別財務諸表上の会計処理

　P社の個別財務諸表上，移転損益は認識せず，P社が追加取得したS社株式の取得原価は，移転したX事業に係る株主資本相当額に基づいて算定します。

（借）　S　社　株　式(※1)	100	（貸）　諸資産（X事業）	150
その他有価証券評価差額金	50		

（※1）　移転したX事業に係る株主資本相当額100（＝X事業に係る諸資産の帳簿価額150－その他有価証券評価差額金50）。

(2)　P社の連結財務諸表上の会計処理

　P社は，追加取得後にS社株式を40％保有し，引き続き持分法適用関連会社

とします。なお，解説の便宜上，当該2社のみにて連結財務諸表を作成することとします。

① S社に対する持分法の適用（当初取得分）

（借）	S 社 株 式	40	（貸）	持分法による^{（※1）}投資損益	40

（※1）　以下の合計20の繰越利益剰余金が計上される。
- のれんの償却：0＝投資原価80－持分額80（S社資本金400×当初持分比率20％）
  ※　部分時価評価法（原則法）によるが，設立時出資であり，時価評価されるべき資産および負債はなく，よって投資原価と持分額の差額はゼロとなる。
- 取得後利益剰余金：40（貸方）＝S社における繰越利益剰余金200×当初持分比率20％

② 事業の移転およびS社株式の追加取得に伴う会計処理

(a)　のれんの算定（S社に対する追加取得と資本の差額）

関連会社となるS社（のY事業）に係るP社の持分の増加（20％）について，持分法適用上，部分時価評価法（原則法）の適用により，のれん120（借方）（＝S社に対して投資したとみなされる額360^{（※1）}－S社に係るP社の持分の増加額240^{（※2）}）を算定します。

持分法のため，仕訳なし

（※1）　S社に対して投資したとみなされる額360＝S社（のY事業）の時価1,800×追加取得持分比率20％
（※2）　S社に係るP社の持分の増加額240＝投資に対応するS社の事業分離直前の資本1,200（資本金400＋繰越利益剰余金200＋Y事業に係る諸資産の時価評価差額600（時価1,200－帳簿価額600））×追加取得持分比率20％

(b)　持分変動差額の認識（移転したX事業に係る持分変動差額）

移転したX事業に係るP社の持分の減少（60％（＝100％－40％））により生じた差額300（貸方）（P社のX事業が移転したとみなされる額360^{（※1）}－移転したX事業に係るP社の持分の減少額60^{（※2）}）は，持分変動差額（特別損益）として取り扱います。これは，X事業に係るP社持分が100％から40％に減少したことで，支配が継続せずX事業に係る含み益が実現したと考えられることによります。

（借）　S　社　株　式	300	（貸）　持 分 変 動 差 額	300

（※1）　P社のX事業が移転されたとみなされる額360＝移転したX事業の時価600×60％
　　　　（これは上述(a)（※1）のS社に対して追加取得したとみなされる額と同額となる）

（※2）　移転したX事業に係るP社の持分の減少額60（移転したX事業の株主資本相当額
　　　　100×60％）。

【組織再編後の財務諸表】

P社貸借対照表

S社株式	180	資本金	100
		繰越利益剰余金	80

P社連結貸借対照表

S社株式	520	資本金	100
		繰越利益剰余金	420
		（うち，持分変動差額）	(300)

ポイント

　分離先企業がすでに関連会社で，追加取得後も引き続き関連会社となるケースにおける事業の移転および株式の追加取得に伴う会計処理は，分離先企業が追加取得により関連会社となるケースと同様となります。

ケース　会社分割×受取対価が分離先企業の株式のみの場合

❿ 分離先企業が子会社・関連会社以外となる場合の会計処理

　受取対価が分離先企業の株式のみであり，その結果，分離先企業が引き続き子会社・関連会社以外となる場合，分離元企業は次の会計処理を行います。

(1)　分離元企業の個別財務諸表上の会計処理

　事業分離により受け取る分離先企業の株式が子会社株式や関連会社株式に分類されて支配または重要な影響を及ぼす場合，または，例えば買戻しの条件が付されている事業分離のように重要な継続的関与（事業分離会計基準10(1)ただし書き）がある場合には，移転した事業を含む当該株式の保有または継続的関与を通じて，移転した事業に関する事業投資が継続しているとみます。

　しかし，本ケースにおいては，これとは異なり分離先企業は引き続き子会社・関連会社以外となります。この場合，重要な継続的関与がないことを前提として，分離先企業に対して支配または重要な影響を及ぼす状況にはないことから，移転した事業に関する投資は継続しておらず，投資は清算されたものとみて，個別財務諸表上，原則として移転損益が認識されます。

　また，分離先企業の株式の取得原価は，移転した事業に係る時価またはその分離先企業の株式の時価のうち，より高い信頼性をもって測定可能な時価に基づいて算定します（事業分離会計基準23，企業結合・事業分離適用指針103）。

(2)　連結財務諸表上の会計処理

　本ケースにおいては，分離元企業にとって分離先企業は連結または持分法適用対象外の会社となります。したがって，特段の処理は不要です。

設例

前提条件

　Ｘ１年３月31日において，Ａ社（３月決算）は，吸収分割によりＸ事業をＢ

106

社（発行済株式数90株）に移転した。この結果，A社はB社の株式10株を受け取り，その他有価証券とした。

　X2年3月31日におけるX事業の諸資産の時価は180，X事業の時価は200であり，Y事業の諸資産の時価は1,200，Y事業の時価は1,800である。なお，これらの時価はより高い信頼性をもって測定されたものである。

　X1年3月31日（組織再編直前）における各社の貸借対照表は以下のとおりである。

A社貸借対照表

| 諸資産（X事業） | 150 | 資本金 | 100 |
| | | その他有価証券評価差額金[※1] | 50 |

（※1）　諸資産（X事業）に含まれる有価証券を時価評価したことに伴うものである。

B社貸借対照表

| 諸資産（Y事業） | 600 | 資本金 | 400 |
| | | 繰越利益剰余金 | 200 |

　なお，本組織再編後，A社によるX事業への継続的な関与はないものとする。

【スキーム図】

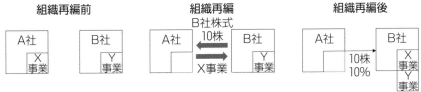

会計処理

(1)　A社（分離元企業）の個別財務諸表上の会計処理

　A社の個別財務諸表上，移転損益を認識します。また，B社の株式の取得原価は，移転したX事業に係る時価またはB社の株式の時価のうち，より高い信頼性をもって測定可能な時価に基づいて算定されます（本ケースにおいては，同額）。

(借)	B 社 株 式 [※1]	200	(貸) 諸資産(X事業)	150
	その他有価証券 評価差額金	50	移 転 損 益 [※2]	100

（※1）　移転したX事業に係る時価200またはB社の株式の時価200（＝（Y事業の時価1,800 ÷事業分離直前のB社発行済株式数90株）×交付株式数10株）。

（※2）　B社の株式の取得原価200（※1）－移転したX事業に係る株主資本相当額100（X 事業に係る諸資産の帳簿価額150－その他有価証券評価差額金50）

(2)　A社の連結財務諸表上の会計処理

　A社は，企業結合後，S社株式の10%をその他有価証券として保有するため，連結または持分法適用対象外となります。したがって，連結上の修正は不要となります。

【組織再編後の財務諸表】

A社貸借対照表

B社株式	200	資本金	100
		繰越利益剰余金	100
		（うち，移転損益）	（100）

ポイント ....

　受取対価が分離先企業の株式であったとしても，分離先企業が子会社・関連会社以外となる場合は移転する事業に係る投資が清算されたとみるため，移転損益が認識される点に留意が必要です。

....

⓫ 新設分割により設立した100％子会社の株式を外部の第三者に売却した場合の会計処理

　新設分割を行うことにより設立される100％子会社に対し，分割元会社の事業を移転する取引は，子会社株式のみを対価とする会社分割により，親会社が子会社に事業を移転する場合における親会社の会計処理に準じた処理を行います（企業結合・事業分離適用指針260，226）。この場合，親会社が100％持分を所有する子会社を設立して事業を移転しているため投資は継続していると考え，親会社において移転損益は認識されません（企業結合・事業分離適用指針98）。

　一方，複数の取引が１つの企業結合を構成している場合には，一体として取り扱うこととされています（企業結合会計基準５）。通常は１事業年度内に完了する場合には一体として取り扱うことが適当であるとされていますが，１つの企業結合を構成しているかどうかは状況によって異なるため，当初取引時における当事者間の意図や取引の目的等を勘案し，実態に応じて判断することとなります（企業結合会計基準66）。本ケースのように新設分割後に子会社株式を外部の第三者に売却する場合において，新設分割と株式売却が当初より一体として計画されているときには，経済的実態の観点から見れば子会社や関連会社以外を分離先企業として行われた事業分離に該当するものと考えられます。この場合，親会社は会社分割期日に移転損益を認識し，子会社は「取得」の会計処理を行うことが適当と考えられます（事業分離会計基準62，16）。

　また，新設分割に係る財務諸表における注記についても，共通支配下の取引としてではなく，事業分離として注記事項（事業分離会計基準28）を記載することが実態に即しているものと考えられます。

　このように，企業結合を含む複数の取引が１つの企業結合または事業分離を構成している場合，形式的に取引事実に即して会計処理を行うと経済的実態を反映しない結果になってしまうケースがあるため，当初取引時における当事者間の意図や取引の目的等を勘案し，経済的実態に応じて判断していく必要があります。

その他，親会社における事業分離直前期末の繰延税金資産の回収可能性の検討にあたり，翌期に実行される予定の事業分離に係る移転損益について，将来の一時差異等加減算前課税所得（繰延税金資産回収可能性適用指針3(9)）の見積り上，翌期に実現するものとして織り込めるか否かが論点となります。

この点については，上述のとおり，経済的実態の観点から本取引は株式売却というよりも，事業分離としての側面が強い場合，事業分離による影響は分離前事業年度の決算には織り込まないものとし（企業結合・事業分離適用指針75），将来の一時差異等加減算前課税所得には移転損益を除外するとともに，移転対象事業が親会社に継続して存在する前提で当該事業による課税所得を織り込むことになると考えられます。

設例

前提条件

X1年4月1日において，P社（3月決算）は，S事業を第三者であるX社に1,000で売却した。スキームとしては，同日にP社はS事業を新設分割の形で設立したS社に分割し，分割対価として取得したS社株式をX社に売却することを一体として計画されたものである。

P社貸借対照表

諸資産	2,000	諸負債	800
S事業関連資産	400	S事業関連負債	100
		資本金	1,000
		繰越利益剰余金	500

【スキーム図】

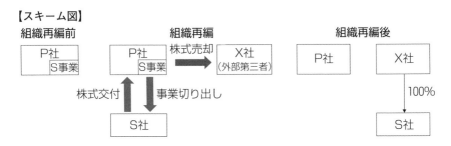

P社は，新設分割を行うことにより100％子会社であるS社を新設し，その

後S社株式を外部の第三者X社に売却を行うことがあらかじめ計画されたものであるため，移転されるS事業に対するS社への投資は清算されたものと考え，移転損益を認識します（事業分離会計基準23）。

（会計処理）

P社の会計処理は以下のようになります。

（分割時の仕訳）

| （借） | S事業関連負債 | 100 | （貸） | S事業関連資産 | 400 |
| | S 社 株 式 (※1) | 1,000 | | 移 転 損 益 | 700 |

（※1） X社への売却価額

（株式売却時の仕訳）

| （借） | 現 金 預 金 | 1,000 | （貸） | S 社 株 式 | 1,000 |

（ポイント）

分割と売却を一体の取引と判断する場合，分割時に親会社が取得する子会社株式の取得価額は予定されている株式の売却価額となります。

ケース　会社分割＋株式譲渡

⓬ 分離先企業に対する継続的関与がある場合の会計処理

　事業分離の会計処理を行ううえで，事業分離会計基準では，投資の継続・清算という概念に基づき，移転損益の実現性を判断することとしています（事業分離会計基準74）。

　例えば，分離先企業が子会社または関連会社に該当し，分離対価が分離先企業の株式である場合には，移転した事業に関する事業投資を引き続き行っていると考えられることから，投資が継続しているものとして，移転損益を認識しないこととなります（事業分離会計基準10(2)）。

　一方，移転した事業に関する投資が清算されたとみる場合には，移転損益を認識することとなり，現金など移転した事業と明らかに異なる資産を対価として受け取る場合には投資が清算されたとみなされます（事業分離会計基準10(1)）。

　また，上述の投資の継続・清算とは異なり，一般的な金融資産や不動産の売却に照らせば，例えば，買戻し条件が付されている事業分離のように，重要な継続的関与がある場合には投資のリスクから解放されたとはいえないため，移転損益を認識せずに，移転した事業を裏付けとする金融取引として会計処理することと考えられます（事業分離会計基準76）。

　継続的関与が重要でない場合には，移転損益を認識することとなりますが，この場合でも，継続的関与の主な概要を注記することが適当とされています（事業分離会計基準28(5)）。実務的に，事業分離後すぐに分離元企業と分離先企業の経済的な関係はなくならず，分離先企業グループにおいて安定的に運営されるまでは，人員の派遣，旧ブランドの使用，生産委託や業務システムの使用など，一定の関係が生じることもあるため，継続的関与の実態を把握し，その重要性を判断する必要があります。

設例

前提条件

　X1年4月1日において，P社（3月決算）は，S事業を第三者であるX社に現金1,000で売却した。スキームとしては，同日にP社はS事業を新設分割の形で設立したS社に分割し，分割対価として取得したS社株式をX社に売却することを一体として計画されたものである。

　ただし，P社はS社株式の売却にあたり，X社に対して株式売却後10年間，X社からの求めに応じてS社株式を1,000でP社に売り戻す権利（プットオプション，P社から見ると買戻義務に該当）を付与している。

P社貸借対照表（組織再編前）

諸資産	2,000	諸負債	800
S事業関連資産	400	S事業関連負債	100
		資本金	1,000
		繰越利益剰余金	500

【スキーム図】

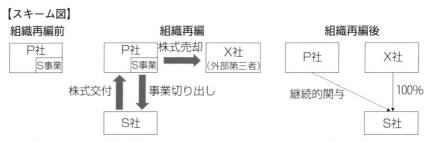

　P社は，新設分割を行うことにより100％子会社であるS社を新設し，その直後にS社株式を外部の第三者X社に売却することとしているものの，固定価格による買戻条件付取引であることから，移転されるS事業に重要な継続的関与があるものと考え，分割時に移転損益は認識されません。また，S社株式の売却については，買戻価格が固定価格である点で，P社が保有するS社株式の消滅の認識要件を満たさず（金融商品会計基準9，金融商品会計実務指針33），売却対価が現金であるためS社株式を担保とした金融取引として会計処理を行うことと考えられます（事業分離会計基準76）。

　この取引については，10年経過後に，P社によるS社株式の買戻義務は消滅

することから，その時点でS社株式および借入金をオフバランスするとともに，両者の差額を移転損益として計上します。

　したがって，前述のケース❶「新設分割により設立した100％子会社の株式を外部の第三者に売却した場合の会計処理」では，新設分割と株式売却が当初より一体として計画されていることから，会社分割時に移転損益を計上することが適当と考えられることに対して，本設例では，株式の買戻義務の消滅時まで移転損益が繰り延べられていることになります。

会計処理

　P社の会計処理は以下のようになります。

（分割時の仕訳）

| （借） | S事業関連負債 | 100 | （貸） | S事業関連資産 | 400 |
| | S　社　株　式 [※1] | 300 | | | |

（※1）　移転事業に関する株主資本相当額。

（株式売却時の仕訳）

| （借） | 現　金　預　金 | 1,000 | （貸） | 借　　入　　金 [※2] | 1,000 |

（※2）　S社株式を担保とした資金調達取引と考え借入金を計上。

（株式の買戻義務の消滅時）

| （借） | 借　　入　　金 | 1,000 | （貸） | S　社　株　式 | 300 |
| | | | | 移　転　損　益 | 700 |

ポイント

　分離先企業に対する重要な継続的関与がある場合，移転損益は認識されず，またその対価が現金である場合，移転対象となる事業を担保とする金融取引として会計処理することとなります。

ケース　現物出資

❸ オフバランスの無形資産を現物出資した場合の会計処理

　現物出資とは，株式会社が出資を募る際に，金銭以外の財産を給付し，その対価として株式を交付することであり（会199 I ③），事業分離会計基準では，現物出資等により資産を移転し移転先の企業の株式を受け取る場合の移転元の企業の会計処理が示されています（事業分離会計基準31，114）。

　事業分離の会計処理は，受取対価の種類と事業分離後の移転先企業との関係（子会社・関連会社・それ以外）によって判断されるものであるため，資産を移転した対価として移転先の企業の株式を受け取り投資が継続しているのであれば，事業分離における移転元企業の会計処理に準ずることが適当であると考えられます。

　現物出資の結果，移転先企業の株式を受取対価とする事業分離により移転先企業が子会社または関連会社以外となる場合，移転元企業の個別財務諸表上，その無形資産への投資が発生したものとして，移転損益を認識すると考えられます（事業分離会計基準31，23）。また，移転先企業株式の取得原価は，移転した事業にかかる時価または移転先企業の株式の時価のうち，より高い信頼性をもって測定可能な時価に基づいて算定されます。グループ外の第三者への出資にあたり，オフバランスの無形資産を出資するとしても，経済合理性の観点から，取得する株式価値を算定したうえで，無形資産の時価と比較衡量していると考えられるため，測定可能な時価は存在するものとして取り扱うことが適切と考えられます。

　一方，現物出資の結果，移転先企業が子会社または関連会社となる場合，投資が継続しているものとして，受け取る株式の取得原価は，出資した無形資産の簿価に基づき算定されますが，オフバランスのためゼロ評価となり，移転損益は計上されません（事業分離会計基準31，17～22）。

設例

前提条件

　X1年3月31日において，P社（3月決算）は，過年度に出願し，すでに償却済みでありオフバランスの特許群を第三者であるQ社に現物出資し，対価としてQ社株式を受領した。

　また，Q社の当該特許受入れ後の財政状態および経営成績に基づくQ社の株式価値（P社持分相当）は1,000と算定された。

【スキーム図】

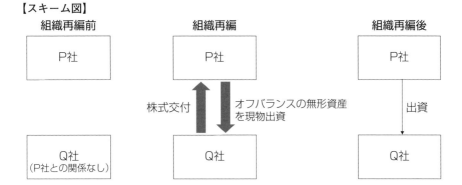

　P社は，現物出資を行うことにより，Q社と資本関係を有することとなり，P社から見たQ社の属性により，出資後に子会社または関連会社となるか否かによって，P社の会計処理が異なるため，ケース別に会計処理を説明する。

（ケース1）　Q社が子会社または関連会社に該当しない場合
（ケース2）　Q社が子会社または関連会社に該当する場合

会計処理

　P社の会計処理は以下のようになります。

（ケース1）　現物出資時の仕訳

（借）投 資 有 価 証 券（※1）	1,000	（貸）	無 形 資 産		0
			移 転 損 益		1,000

（※1）　前提条件のとおり受け取った株式の時価はいずれも1,000であるため，どちらの時価の信頼性が高いかの検討は省略する。

（ケース 2）　現物出資時の仕訳

| （借）　関 係 会 社 株 式 | 0 | （貸）　無 形 資 産 | 0 |

◁ ポイント ▷ ···

　現物出資の移転元企業の会計処理は，移転先企業が子会社または関連会社に該当するか否かにより，移転損益が計上されるか否かが異なります。

•••

§3

子会社の分離・売却の会計実務

　組織再編においては，子会社を売却することによって事業分離を図る
ケースが多く見られます。

　子会社の売却によって受け取る対価が現金等の財産のみか株式なのか，
また組織再編後における持分比率の変化によって会計処理にも相違が生
じます。

　本セクションでは，実務上よく扱われるケースをなるべく多く取り上
げました。各ケースを単独でお読みいただいても理解しやすいように，
類似のケースであったとしても前提条件を省略せずに解説しています。

ケース　合併×現金等の財産のみを受取対価とする場合

❶❹ 被結合企業が子会社であり，結合後企業も子会社である場合の会計処理

　現金等の財産のみを受取対価とした子会社（S1社）を被結合企業とする企業結合において，被結合企業の株主（P社）が結合企業（S2社）の株式を有し子会社としている場合には，結合後企業もP社の子会社となります。

【スキーム図】

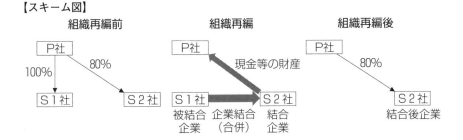

　このような現金等の財産のみを受取対価として子会社を被結合企業とする企業結合において，その子会社の株式が現金等の財産のみと引き換えられた場合の会計処理は，事業分離における分離元企業の会計処理に準じて行うこととされています（事業分離会計基準35，14～16）。なお，ここでいう現金等の財産には，いわゆる三角合併のように子会社が親会社株式を対価として他の子会社と吸収合併を行う場合における親会社株式を含みます（企業結合・事業分離適用指針243⑴）。

⑴　被結合企業の株主である親会社の個別財務諸表上の会計処理

　本ケースは，子会社同士（S1社およびS2社）の合併であり，結合当事企業（または事業）のすべてが，企業結合の前後で同一の株主（P社）により最終的に支配され，かつ，その支配が一時的ではない場合の企業結合（企業結合会計基準16）に該当することから，共通支配下の取引に該当します。そのため，親会社（P社）は，個別財務諸表上，共通支配下の取引として，受け取った現

金等の財産を，移転前に付された適正な帳簿価額により計上し，その価額と引き換えられた被結合企業である子会社（S 1 社）に係る株式の適正な帳簿価額との差額を，原則として交換損益として認識します。ただし，いわゆる三角合併のように子会社が親会社株式を対価として他の子会社と吸収合併を行う場合において，吸収合併消滅会社の株主（親会社）が自己株式を受け入れるとき，その自己株式は，引き換えられた吸収合併消滅会社の株式の適正な帳簿価額により算定します（企業結合・事業分離適用指針244）。

(2)　被結合企業である子会社の個別財務諸表上の会計処理

　被結合企業である子会社（S 1 社）は，企業結合日の前日に決算を行い，資産および負債の適正な帳簿価額を算定します（企業結合会計基準41，企業結合・事業分離適用指針242）。

(3)　結合企業である子会社の個別財務諸表上の会計処理

　本ケースは共通支配下の取引に該当することから，結合企業である子会社（S 2 社）は，被結合企業である子会社から受け入れる資産および負債を，企業結合日の前日に付された適正な帳簿価額により計上し，被結合企業である子会社の株主資本の額と取得の対価として支払った現金等の財産の適正な帳簿価額との差額はのれん（または負ののれん）として計上します（企業結合・事業分離適用指針243(1)）。

　なお，被結合企業である子会社の評価・換算差額等は引き継ぎます。また，企業結合に要した支出額は，発生時の費用として会計処理します（企業結合・事業分離適用指針243(2)，(3)）。

(4)　被結合企業の株主である親会社の連結財務諸表上の会計処理

　結合後企業は被結合企業の株主の子会社となるため，被結合企業の株主である親会社（P 社）は連結財務諸表を作成することになります。連結財務諸表上，親会社の個別財務諸表において認識された交換損益は，連結会計基準における未実現損益の消去に準じて処理します。

　なお，いわゆる三角合併のように子会社が親会社株式を対価として他の子会

社と吸収合併を行う場合は，企業集団から見ると，親会社が合併の対価として
自己株式を処分する取引と同様に考えることができるため，連結財務諸表上，
非支配株主に交付した自己株式の適正な帳簿価額と追加取得持分または減少す
る非支配株主持分との差額を資本剰余金に計上します（企業結合・事業分離適
用指針245）。

設例

前提条件

　X1年3月31日において，P社（3月決算）は，S1社（3月決算）の株式
の100％を保有し，完全子会社としている。また，P社は，S2社（3月決
算）の株式の80％を保有し，子会社としている。なお，連結財務諸表上，S1
社については，支配獲得時において生じたのれん10,000の未償却残高が4,000あ
り，S2社については，設立時取得であることからのれんはない。

　X1年3月31日（組織再編直前）における各社の貸借対照表は以下のとおり
である。

P社貸借対照表

諸資産	45,000	諸負債	15,000
S1社株式	110,000	資本金	100,000
S2社株式	40,000	資本剰余金	20,000
		繰越利益剰余金	60,000

S1社貸借対照表

諸資産(※1)	175,000	諸負債(※1)	90,000
土地(※1)	65,000	資本金	95,000
		繰越利益剰余金(※2)	45,000
		（うち，当期純利益）	(8,000)
		その他有価証券評価差額金	10,000

（※1）　土地のX1年3月31日における時価は70,000である。諸資産および諸負債のX1年
　　　　3月31日における時価は帳簿価額と一致している。
（※2）　取得後利益剰余金は40,000である。

S2社貸借対照表

諸資産 (※1)	300,000	諸負債 (※1)	25,000
		資本金	50,000
		繰越利益剰余金	225,000
		(うち，当期純利益)	(30,000)

（※1） 諸資産および諸負債のX1年3月31日における時価は帳簿価額と一致している。

　X1年3月31日において，S2社は，現金195,000を対価として，同社を吸収合併存続会社，S1社を吸収合併消滅会社とする吸収合併を実施した。

【スキーム図】

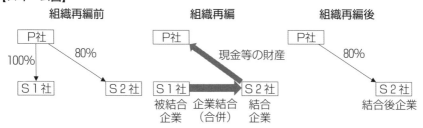

会計処理

(1)　P社（親会社）の個別財務諸表上の会計処理

　P社は，個別財務諸表上，受け取った現金を，移転前に付された適正な帳簿価額である195,000により計上し，引き換えられた被結合企業であるS1社に係る株式の適正な帳簿価額110,000との差額を交換損益として認識します。

（借）　現　　　　金 (※1)	195,000	（貸）　S 1 社 株 式	110,000
		交 換 損 益 (※2)	85,000

（※1）　移転前に付された適正な帳簿価額。
（※2）　現金の額と引き換えられたS1社株式の適正な帳簿価額との差額。

(2)　S1社（吸収合併消滅会社）の個別財務諸表上の会計処理

　S1社は，企業結合日であるX1年3月31日の前日に決算を行い，資産および負債の適正な帳簿価額を算定します。そして，S2社を結合企業とする企業結合により消滅します。

122

(借)	諸　負　債	90,000	(貸)	諸　資　産	175,000
	資　本　金	95,000		土　　地	65,000
	利益剰余金	45,000			
	その他有価証券評価差額金	10,000			

(3) Ｓ２社（吸収合併存続会社）の個別財務諸表上の会計処理

　Ｓ２社は，Ｓ１社から受け入れる資産および負債を，企業結合日であるＸ１年３月31日の前日に付された適正な帳簿価額により計上し，Ｓ１社の株主資本の額と取得の対価として支払った現金等の財産の適正な帳簿価額195,000との差額を，のれん（または負ののれん）として計上します。なお，被結合企業である子会社の評価・換算差額等は引き継ぎます。

(借)	諸　資　産 (※1)	175,000	(貸)	諸　負　債 (※1)	90,000
	土　　地 (※1)	65,000		現金（諸資産）	195,000
	の　れ　ん (※2)	55,000		その他有価証券評価差額金 (※1)	10,000

（※1）　Ｓ１社で計上されていた適正な帳簿価額。
（※2）　貸借差額。

(4) Ｐ社の連結財務諸表上の会計処理

　Ｐ社は，結合後企業であるＳ２社を80％子会社とするため，引き続き，連結財務諸表を作成します。

① Ｓ１社に関する処理

　子会社株式であるＳ１社株式に関する開始仕訳は以下のとおりです。なお，支配獲得時において諸資産および諸負債の時価と帳簿価額は一致しており，支配獲得時ののれん10,000は償却期間５年，定額法により償却しているものとし，前年度末において２年が経過しているものとします。

(借)	資　本　金	95,000	(貸)	Ｓ１社株式	110,000
	利益剰余金	9,000			
	の　れ　ん (※1)	6,000			

（※1）　6,000＝支配獲得時ののれん10,000－（支配獲得時ののれん10,000÷償却期間５年×

経過年数2年）

S1社において生じているのれんを償却します。

| （借） | のれん償却費^(※1) | 2,000 | （貸） | の　れ　ん | 2,000 |

（※1）　2,000＝支配獲得時ののれん10,000÷償却期間5年

S1社はS2社による企業結合により消滅しているため，S1社株式に関する連結仕訳を振り戻します。

（借）	S　1　社　株　式	110,000	（貸）	資　　本　　金	95,000
				利 益 剰 余 金^(※1)	11,000
				の　　れ　　ん^(※2)	4,000

（※1）　11,000＝開始仕訳9,000＋のれん償却費相当額2,000
（※2）　4,000＝開始仕訳6,000＋のれん償却費相当額△2,000

S2社によるS1社の企業結合により発生したS1社株式の交換損益を連結会計基準における未実現損益の消去に準じて処理します。具体的には，S1社における取得後利益剰余金とS2社におけるのれん計上額（S1社から引き継がれた部分を除く）を，交換損益と相殺消去します。

| （借） | 交　換　損　益^(※1) | 85,000 | （貸） | 利 益 剰 余 金^(※2) | 34,000 |
| | | | | の　　れ　　ん^(※3) | 51,000 |

（※1）　S1社株式の交換損益全額。
（※2）　S1社を連結していたことにより生じていた取得後利益剰余金34,000＝S1社の取得後利益剰余金40,000－のれん償却累計額（開始仕訳4,000＋当期仕訳2,000）
（※3）　51,000＝S2社個社ののれん55,000－連結上のS1社のれんの未償却残高4,000

②　S2社に関する処理

子会社株式であるS2社株式に関する開始仕訳は以下のとおりです。

（借）	資　　本　　金	50,000	（貸）	S　2　社　株　式	40,000
				非支配株主持分^(※1)	10,000
（借）	利 益 剰 余 金	39,000	（貸）	非支配株主持分^(※2)	39,000

（※1）　10,000＝S2社の取得時純資産50,000×S2社の非支配株主持分比率20％
（※2）　39,000＝S2社の取得後利益剰余金195,000×S2社の非支配株主持分比率20％

S2社の非支配株主に帰属する当期純利益を按分します。

(借)	非支配株主に帰属^(※1)する当期純利益	6,000	(貸)	非支配株主持分	6,000

(※1) 6,000 = S2社の当期純利益30,000 × S2社の非支配株主持分比率20%

　S2社の非支配株主に帰属するその他有価証券評価差額金を按分します。

(借)	その他有価証券^(※1)評価差額金	2,000	(貸)	非支配株主持分	2,000

(※1) 2,000 = S2社のその他有価証券評価差額金10,000 × S2社の非支配株主持分比率20%

【組織再編後の財務諸表】

P社貸借対照表

諸資産	240,000	諸負債	15,000
S2社株式	40,000	資本金	100,000
		資本剰余金	20,000
		繰越利益剰余金	145,000

S2社貸借対照表

諸資産	280,000	諸負債	115,000
土地	65,000	資本金	50,000
のれん	55,000	繰越利益剰余金	225,000
		（うち，当期純利益）	(30,000)
		その他有価証券評価差額金	10,000

P社連結貸借対照表

諸資産	520,000	諸負債	130,000
土地	65,000	資本金	100,000
のれん	4,000	資本剰余金	20,000
		繰越利益剰余金^(※1)	274,000
		非支配株主持分	57,000
		その他有価証券評価差額金	8,000

(※1) 274,000 = P社個社145,000 + S2社個社225,000 + 連結調整△96,000^(※2)

(※2) △96,000 = S2社開始仕訳△39,000 + S2社非支配株主に帰属する当期純利益△6,000 + S1社取得後利益剰余金34,000 + 交換損益の消去△85,000

┌─ ポイント ╲╴╴╴╴╴╴╴╴╴╴╴╴╴╴╴╴╴╴╴╴╴╴╴╴╴╴╴╴╴╴╴╴╴╴╴╴╴╴

　個別財務諸表上，被結合企業の株主である親会社では交換損益が認識され，結合企業である子会社ではのれん（または負ののれん）が計上されます。連結財務諸表上，これらの交換損益およびのれん（または負ののれん）は，未実現損益の消去に準じて消去されます。

❶ 被結合企業が子会社であり，結合後企業が関連会社となる場合の会計処理

　現金等の財産のみを受取対価とした子会社（S社）を被結合企業とする企業結合において，被結合企業の株主（P社）が結合企業（A社）の株式を有し関連会社としている場合には，結合後企業（A社）はP社の関連会社となります。

【スキーム図】

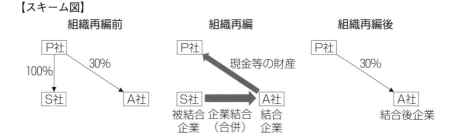

　このような現金等の財産のみを受取対価とした子会社を被結合企業とする企業結合において，子会社の株式が現金等の財産のみと引き換えられた場合の会計処理は，事業分離における分離元企業の会計処理に準じて行うこととされています（事業分離会計基準35，14～16）。

(1)　被結合企業の株主である親会社の個別財務諸表上の会計処理

　本ケースは，結合企業である関連会社（A社）による取得（企業結合会計基準9）に該当します。このような場合，親会社（P社）は，個別財務諸表上，受け取った現金等の財産を，原則として時価により計上し，引き換えられた被結合企業（S社）の株式，すなわち子会社の株式の適正な帳簿価額との差額を，原則として交換損益として認識します（事業分離会計基準15(1)，企業結合・事業分離適用指針269(1)）。

(2)　被結合企業である子会社の個別財務諸表上の会計処理

被結合企業である子会社（S社）は，企業結合日の前日に決算を行い，資産および負債の適正な帳簿価額を算定します（企業結合会計基準41，企業結合・事業分離適用指針242）。

(3)　結合企業である関連会社の個別財務諸表上の会計処理

本ケースは，結合企業である関連会社（A社）による取得に該当することから，結合企業である関連会社（A社）は，取得の対価である現金等の財産の時価により算定した取得原価を，被結合企業である子会社（S社）から受け入れる資産および負債のうち企業結合日において識別可能なもの（識別可能資産および負債）に対して，その企業結合日における時価を基礎として配分し，取得原価と取得原価の配分額との差額はのれん（または負ののれん）として計上します（企業結合会計基準23，28，31，企業結合・事業分離適用指針36，51）。

(4)　被結合企業の株主である親会社の連結財務諸表上の会計処理

結合後企業は被結合企業の株主（P社）の関連会社となりますが，他に子会社が存在する場合には，被結合企業の株主である親会社（P社）は連結財務諸表を作成することになります。連結財務諸表上，親会社（P社）の個別財務諸表において認識された交換損益は，持分法会計基準における未実現損益の消去に準じて処理します（企業結合・事業分離適用指針269(2)）。

設例

前提条件

X1年3月31日において，P社（3月決算）は，S社（3月決算）の株式の100％を保有し，完全子会社としている。また，P社は，A社（3月決算）の株式の30％を保有し，関連会社としている。なお，連結財務諸表上，S社については，支配獲得時において生じたのれん10,000の未償却残高が4,000あり，A社については，設立時取得であることからのれんはない。

X1年3月31日（組織再編直前）における各社の貸借対照表は以下のとおりである。

P社貸借対照表

諸資産	70,000	諸負債	15,000
S社株式	110,000	資本金	100,000
A社株式	15,000	資本剰余金	20,000
		繰越利益剰余金	60,000

S社貸借対照表

諸資産 (※1)	175,000	諸負債 (※1)	90,000
土地 (※1)	65,000	資本金	95,000
		繰越利益剰余金 (※2)	45,000
		（うち，当期純利益）	(8,000)
		その他有価証券評価差額金	10,000

（※1） 土地のX1年3月31日における時価は70,000である。諸資産および諸負債のX1年
3月31日における時価は帳簿価額と一致している。
（※2） 取得後利益剰余金は40,000である。

A社貸借対照表

諸資産 (※1)	300,000	諸負債 (※1)	25,000
		資本金	50,000
		繰越利益剰余金	225,000
		（うち，当期純利益）	(30,000)

（※1） 諸資産および諸負債のX1年3月31日における時価は帳簿価額と一致している。

　X1年3月31日において，A社は，現金195,000を対価として，同社を吸収合併存続会社，S社を吸収合併消滅会社とする吸収合併を実施した。

　なお，P社は，S社以外にも子会社を保有しており，本件吸収合併後も連結財務諸表を作成する必要があるが，S社以外の子会社についてはその影響を度外視する。

【スキーム図】

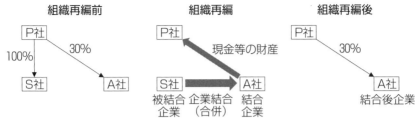

(会計処理)

(1) Ｐ社（親会社）の個別財務諸表上の会計処理

　Ｐ社は，個別財務諸表上，受け取った現金を，時価である195,000により計上し，引き換えられた被結合企業であるＳ社に係る株式の適正な帳簿価額110,000との差額を交換損益として認識します。

| （借） | 現　　　　　金(※1) | 195,000 | （貸） | Ｓ　社　株　式 | 110,000 |
| | | | | 交　換　損　益(※2) | 85,000 |

（※1）　交換時の時価。
（※2）　現金の額と引き換えられたＳ社株式の適正な帳簿価額との差額。

(2) Ｓ社（吸収合併消滅会社）の個別財務諸表上の会計処理

　Ｓ社は，企業結合日であるＸ1年3月31日の前日に決算を行い，資産および負債の適正な帳簿価額を算定します。そして，Ａ社を結合企業とする企業結合により消滅します。

（借）	諸　　負　　債	90,000	（貸）	諸　　資　　産	175,000
	資　　本　　金	95,000		土　　　　　地	65,000
	利　益　剰　余　金	45,000			
	その他有価証券評価差額金	10,000			

(3) Ａ社（吸収合併存続会社）の個別財務諸表上の会計処理

　Ａ社は，現金の時価により算定した取得原価195,000を，Ｓ社から受け入れる資産および負債のうち企業結合日であるＸ1年3月31日における識別可能な

ものに対して，企業結合日における時価を基礎として配分し，取得原価195,000と取得原価の配分額の差額をのれん（または負ののれん）として計上します。

(借)	諸　資　産 [※1]	175,000	(貸)	諸　負　債 [※1]	90,000
	土　　地 [※1]	70,000		現金（諸資産）	195,000
	の　れ　ん [※2]	40,000			

(※1)　企業結合日における時価。
(※2)　貸借差額。

(4)　P社の連結財務諸表上の会計処理

P社は，S社以外の子会社を有しているため，引き続き，連結財務諸表を作成します。ただし，S社以外の子会社の影響は度外視します。

①　S社に関する処理

子会社株式であるS社株式に関する開始仕訳は以下のとおりです。なお，支配獲得時において諸資産および諸負債の時価と帳簿価額は一致しており，支配獲得時ののれん10,000は償却期間5年，定額法により償却しているものとし，前年度末において2年が経過しているものとします。

(借)	資　本　金	95,000	(貸)	S　社　株　式	110,000
	利 益 剰 余 金	9,000			
	の　れ　ん [※1]	6,000			

(※1)　6,000＝支配獲得時ののれん10,000－（支配獲得時ののれん10,000÷償却期間5年×経過年数2年）

S社において生じているのれんを償却します。

| (借) | のれん償却費 [※1] | 2,000 | (貸) | の　れ　ん | 2,000 |

(※1)　2,000＝支配獲得時ののれん10,000÷償却期間5年

S社はA社による企業結合により消滅しているため，S社株式に関する連結仕訳を振り戻します。

（借）	S 社 株 式	110,000	（貸）	資　本　金	95,000
				利 益 剰 余 金 ^(※1)	11,000
				の　れ　ん ^(※2)	4,000

（※1）　11,000＝開始仕訳9,000＋のれん償却費相当額2,000
（※2）　4,000＝開始仕訳6,000＋のれん償却費相当額△2,000

　S社における取得後利益剰余金および取得後その他有価証券評価差額金を投資の修正額としてA社株式（S社株式）に加算し，その後，S社株式の交換損益を調整します。なお，その他有価証券評価差額金は，企業結合により連結上の実現損益になるため，交換損益の修正には含めません（資本連結実務指針45）。

| （借） | A社株式（S社株式） | 44,000 | （貸） | 利 益 剰 余 金 ^(※1) | 34,000 |
| | | | | その他有価証券
評 価 差 額 金 ^(※2) | 10,000 |

（※1）　S社を連結していたことにより生じていた取得後利益剰余金34,000＝S社の取得後利益剰余金40,000－のれん償却累計額（開始仕訳4,000＋当期仕訳2,000）
（※2）　S社を連結した以後に生じていたその他有価証券評価差額金。

| （借） | 交 換 損 益 | 34,000 | （貸） | A社株式（S社株式） | 44,000 |
| | その他有価証券
評 価 差 額 金 | 10,000 | | | |

　A社によるS社の企業結合により発生したS社株式の交換損益について，持分法適用における未実現利益の消去に準じて修正します。

| （借） | 交 換 損 益 ^(※1) | 15,300 | （貸） | A社株式（S社株式） | 15,300 |

（※1）　15,300＝（交換損益85,000－S社取得後利益剰余金34,000）×A社に対する持分比率30％

②　A社に関する処理

　関連会社株式であるA社株式に関する持分法適用仕訳の開始仕訳は，以下のとおりです。

（借）　A　社　株　式 ${}^{(※1)}$	58,500	（貸）　利　益　剰　余　金	58,500

（※1）　58,500＝A社の取得後利益剰余金195,000×A社持分比率30%

　A社の当期純利益に基づき持分法による投資損益を計上します。

（借）　A　社　株　式 ${}^{(※1)}$	9,000	（貸）　持 分 法 に よ る 投 資 利 益	9,000

（※1）　9,000＝A社の当期純利益30,000×A社持分比率30%

【組織再編後の財務諸表】

P社貸借対照表

諸資産	265,000	諸負債	15,000
A社株式	15,000	資本金	100,000
		資本剰余金	20,000
		繰越利益剰余金	145,000

A社貸借対照表

諸資産	280,000	諸負債	115,000
土地	70,000	資本金	50,000
のれん	40,000	繰越利益剰余金	225,000
		（うち，当期純利益）	（30,000）

P社連結貸借対照表

諸資産	265,000	諸負債	15,000
A社株式	67,200	資本金	100,000
		資本剰余金	20,000
		繰越利益剰余金 ${}^{(※1)}$	197,200

（※1）　197,200＝P社個社145,000＋連結調整52,200 ${}^{(※2)}$
（※2）　52,200＝A社開始仕訳58,500＋A社持分法適用仕訳9,000＋交換損益の消去△15,300

> ### ポイント
>
> 　個別財務諸表上，被結合企業の株主である投資会社では交換損益が認識され，結合企業である関連会社ではのれん（または負ののれん）が計上されます。連結財務諸表上，交換損益は，持分法適用における未実現損益の消去に準じて消去されます。

ケース　合併×現金等の財産のみを受取対価とする場合

⑯ 被結合企業が子会社であり，結合後企業が子会社または関連会社以外となる場合の会計処理

　現金等の財産のみを受取対価として子会社（S社）を被結合企業とする企業結合において，被結合企業の株主（P社）が結合企業（X社）の株式を有しておらず子会社または関連会社以外の場合には，結合後企業もP社の子会社または関連会社以外となります。

【スキーム図】

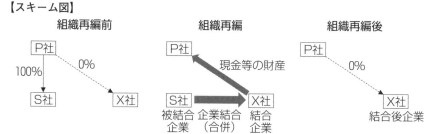

　このような現金等の財産のみを受取対価として子会社を被結合企業とする企業結合により，その子会社の株式が現金等の財産のみと引き換えられた場合の会計処理は，事業分離における分離元企業の会計処理に準じて行うこととされています（事業分離会計基準35，14〜16）。

(1)　被結合企業の株主である親会社の個別財務諸表上の会計処理

　本ケースは，子会社または関連会社以外の会社（X社）による取得（企業結合会計基準9）に該当します。そのため，親会社（P社）は，個別財務諸表上，受け取った現金等の財産を，原則として時価により計上し，引き換えられた被結合企業である子会社（S社）に係る株式の適正な帳簿価額との差額を，原則として交換損益として認識します（企業結合・事業分離適用指針269(1)）。

(2) 被結合企業である子会社の個別財務諸表上の会計処理

被結合企業である子会社は，企業結合日の前日に決算を行い，資産および負債の適正な帳簿価額を算定します。

(3) 被結合企業の株主である親会社の連結財務諸表上の会計処理

結合後企業は被結合企業の株主の子会社または関連会社ではなくなるため，他に子会社が存在する場合には，被結合企業の株主である親会社は連結財務諸表を作成することになります。連結財務諸表上，親会社の個別財務諸表において認識された交換損益については，被結合企業における取得後利益剰余金に係る調整が必要となります。

設例

前提条件

X1年3月31日において，P社（3月決算）は，S社（3月決算）の株式の100％を保有し，完全子会社としている。なお，連結財務諸表上，S社については，支配獲得時において生じたのれん10,000の未償却残高が4,000ある。

X1年3月31日（組織再編直前）における各社の貸借対照表は以下のとおりである。

P社貸借対照表

諸資産	85,000	諸負債	15,000
S社株式	110,000	資本金	100,000
		資本剰余金	20,000
		繰越利益剰余金	60,000

S社貸借対照表

諸資産^(※1)	175,000	諸負債^(※1)	90,000
土地^(※1)	65,000	資本金	95,000
		繰越利益剰余金^(※2)	45,000
		（うち，当期純利益）	(8,000)
		その他有価証券評価差額金	10,000

（※1） 土地のX1年3月31日における時価は70,000である。諸資産および諸負債のX1年

　3月31日における時価は帳簿価額と一致している。
（※2）　取得後利益剰余金は40,000である。

　X1年3月31日において，外部会社であるX社は，現金195,000を対価として，同社を吸収合併存続会社，S社を吸収合併消滅会社とする吸収合併を実施した。

　なお，P社は，S社以外にも子会社を保有しており，本件吸収合併後も連結財務諸表を作成する必要があるが，S社以外の子会社についてはその影響を度外視する。

【スキーム図】

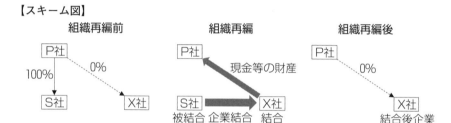

会計処理

(1)　P社（親会社）の個別財務諸表上の会計処理

　P社は，個別財務諸表上，受け取った現金を，時価である195,000により計上し，引き換えられた被結合企業であるS社に係る株式の適正な帳簿価額110,000との差額を交換損益として認識します。

| (借) 現 金(※1) | 195,000 | (貸) S 社 株 式 | 110,000 |
| | | 交 換 損 益(※2) | 85,000 |

（※1）　交換時の時価。
（※2）　現金の額と引き換えられたS社株式の適正な帳簿価額との差額。

(2)　S社（吸収合併消滅会社）の個別財務諸表上の会計処理

　S社は，企業結合日であるX1年3月31日の前日に決算を行い，資産および負債の適正な帳簿価額を算定します。そして，X社を結合企業とする企業結合により消滅します。

(借) 諸 負 債	90,000	(貸) 諸 資 産	175000
資 本 金	95,000	土 地	65,000
利 益 剰 余 金	45,000		
その他有価証券 評価差額金	10,000		

(3) P社の連結財務諸表上の会計処理

P社は，S社以外の子会社を有しているため，引き続き，連結財務諸表を作成します。ただし，S社以外の子会社の影響は度外視します。

子会社株式であるS社株式に関する開始仕訳は以下のとおりです。なお，支配獲得時において諸資産および諸負債の時価と帳簿価額は一致しており，支配獲得時ののれん10,000は償却期間5年，定額法により償却しているものとし，前年度末において2年が経過しているものとします。

(借) 資 本 金	95,000	(貸) S 社 株 式	110,000
利 益 剰 余 金	9,000		
の れ ん(※1)	6,000		

(※1) 6,000＝支配獲得時ののれん10,000－（支配獲得時ののれん10,000÷償却期間5年×経過年数2年）

S社において生じているのれんを償却します。

(借) のれん償却費(※1)	2,000	(貸) の れ ん	2,000

(※1) 2,000＝支配獲得時ののれん10,000÷償却期間5年

S社はX社による企業結合により消滅しているため，S社株式に関する連結仕訳を振り戻します。

(借) S 社 株 式	110,000	(貸) 資 本 金	95,000
		利 益 剰 余 金(※1)	11,000
		の れ ん(※2)	4,000

(※1) 11,000＝開始仕訳9,000＋のれん償却費相当額2,000
(※2) 4,000＝開始仕訳6,000＋のれん償却費相当額△2,000

X社によるS社の企業結合により発生したS社株式の交換損益について，S

社における取得後利益剰余金に係る調整を行います。

> （借）交　換　損　益　　34,000　（貸）利　益　剰　余　金 [※1]　　34,000

（※1）　S社を連結していたことにより生じていた取得後利益剰余金34,000＝S社の取得後
利益剰余金40,000－のれん償却累計額（開始仕訳4,000＋当期仕訳2,000）

【組織再編後の財務諸表】

P社貸借対照表

諸資産	280,000	諸負債	15,000
		資本金	100,000
		資本剰余金	20,000
		繰越利益剰余金	145,000

P社連結貸借対照表

諸資産	280,000	諸負債	15,000
		資本金	100,000
		資本剰余金	20,000
		繰越利益剰余金 [※1]	145,000

（※1）　145,000＝P社個社145,000＋連結調整0

ポイント

　個別財務諸表上，被結合企業の株主である親会社において交換損益が認識されます。連結財務諸表上，この交換損益については，子会社における取得後利益剰余金に係る調整がなされます。

⓱ 被結合企業が関連会社であり，結合後企業が子会社または関連会社以外となる場合の会計処理

　現金等の財産のみを受取対価として，関連会社（A社）を被結合企業とする企業結合において，被結合企業の株主（P社）が結合企業（X社）の株式を有しておらず子会社または関連会社以外の場合には，結合後企業もP社の子会社または関連会社以外となります。

【スキーム図】

組織再編前　　　　組織再編　　　　組織再編後

　このような現金等の財産のみを受取対価として関連会社を被結合企業とする企業結合により，その子会社の株式が現金等の財産のみと引き換えられた場合には，以下のとおり会計処理します。

(1)　被結合企業の株主である投資会社の個別財務諸表上の会計処理

　本企業結合は，子会社または関連会社以外の会社（X社）による取得（企業結合会計基準9）に該当します。そのため，投資会社（P社）は，個別財務諸表上，受け取った現金等の財産を原則として時価により計上し，引き換えられた被結合企業である関連会社（A社）に係る株式の適正な帳簿価額との差額を原則として交換損益として認識します（事業分離会計基準36，企業結合・事業分離適用指針270(1)，106）。

(2) 被結合企業である関連会社の個別財務諸表上の会計処理

被結合企業である関連会社（A社）は，企業結合日の前日に決算を行い，資産および負債の適正な帳簿価額を算定します。

(3) 被結合企業の株主である投資会社の連結財務諸表上の会計処理

他に子会社が存在する場合には，被結合企業の株主である投資会社（P社）は連結財務諸表を作成することになります。連結財務諸表上，投資会社（P社）の個別財務諸表において認識された交換損益については，被結合企業（A社）に対して実施していた持分法の適用に係る調整が必要となります。

設例

前提条件

X1年3月31日において，P社（3月決算）は，A社（3月決算）の株式の30％を保有し，関連会社としている。なお，連結財務諸表上，A社については，設立時取得であることからのれんはない。

X1年3月31日（組織再編直前）における各社の貸借対照表は以下のとおりである。

P社貸借対照表

諸資産	180,000	諸負債	15,000
A社株式	15,000	資本金	100,000
		資本剰余金	20,000
		繰越利益剰余金	60,000

A社貸借対照表

諸資産	300,000	諸負債	25,000
		資本金	50,000
		繰越利益剰余金	225,000
		（うち，当期純利益）	（30,000）

X1年3月31日において，外部会社であるX社は，現金585,000を対価（そのうちP社への支払いは175,500）として，同社を吸収合併存続会社，A社を吸収合併消滅会社とする吸収合併を実施した。

　なお，Ｐ社は，他に子会社を保有しており，本件吸収合併後も連結財務諸表を作成する必要があるが，他の子会社についてはその影響を度外視する。

【スキーム図】

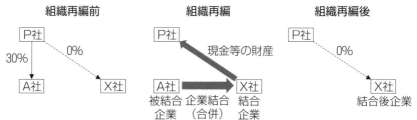

Ｐ社　　　　　　Ｐ社　　　　　　Ｐ社

30%　　0%　　　　現金等の財産　　　0%

Ａ社　　　X社　　Ａ社　企業結合　X社　　　　　X社

被結合　（合併）　結合　　　　結合後企業
企業　　　　　　企業

会計処理

(1)　Ｐ社（投資会社）の個別財務諸表上の会計処理

　Ｐ社は，個別財務諸表上，受け取った現金を時価である175,500により計上し，引き換えられた被結合企業であるＡ社に係る株式の適正な帳簿価額15,000との差額を交換損益として認識します。

（借）現　　　　金 (※1)	175,500	（貸）Ａ　社　株　式	15,000
		交　換　損　益 (※2)	160,500

（※1）　交換時の時価。
（※2）　現金の額と引き換えられたＡ社株式の適正な帳簿価額との差額。

(2)　Ａ社（吸収合併消滅会社）の個別財務諸表上の会計処理

　Ａ社は，企業結合日であるＸ１年３月31日の前日に決算を行い，資産および負債の適正な帳簿価額を算定します。そして，Ｘ社を結合企業とする企業結合により消滅します。

（借）諸　　負　　債	25,000	（貸）諸　　資　　産	300,000
資　　本　　金	50,000		
利　益　剰　余　金	225,000		

(3)　Ｐ社の連結財務諸表上の会計処理

　Ｐ社は，他の子会社を有しているため，引き続き，連結財務諸表を作成しま

す。ただし，他の子会社の影響は度外視します。

　関連会社株式であるＡ社株式に関する持分法適用仕訳の開始仕訳は，以下のとおりです。

| (借) | Ａ 社 株 式 (※1) | 58,500 | (貸) | 利 益 剰 余 金 | 58,500 |

（※1）　58,500＝Ａ社の取得後利益剰余金195,000×Ａ社持分比率30%

　Ａ社の当期純利益に基づき持分法による投資損益を計上します。

| (借) | Ａ 社 株 式 (※1) | 9,000 | (貸) | 持 分 法 に よ る 投 資 利 益 | 9,000 |

（※1）　9,000＝Ａ社の当期純利益30,000×Ａ社持分比率30%

　Ｘ社によるＡ社の企業結合により発生したＡ社株式の交換損益について，Ａ社における持分法適用に係る調整を行います。

| (借) | 交 換 損 益 | 67,500 | (貸) | Ａ 社 株 式 (※1) | 67,500 |

（※1）　Ａ社株式に係る持分法適用による投資修正額67,500＝開始仕訳58,500＋当期仕訳9,000

【組織再編後の財務諸表】

P社貸借対照表

諸資産	355,500	諸負債	15,000
		資本金	100,000
		資本剰余金	20,000
		繰越利益剰余金	220,500

P社連結貸借対照表

諸資産	355,500	諸負債	15,000
		資本金	100,000
		資本剰余金	20,000
		繰越利益剰余金 (※1)	220,500

（※1）　220,500＝P社個社220,500＋連結調整0

| ポイント |

個別財務諸表上，被結合企業の株主である投資会社において交換損益が認識されます。連結財務諸表上，この交換損益については，関連会社に対する持分法の適用に係る調整がなされます。

ケース　合併×現金等の財産のみを受取対価とする場合

ケース　合併×現金等の財産のみを受取対価とする場合

⓲ 被結合企業が子会社または関連会社以外であり，結合後企業も子会社または関連会社以外となる場合の会計処理

　現金等の財産のみを受取対価として，子会社または関連会社以外の会社（X1社）を被結合企業とする企業結合において，被結合企業の株主（P社）が結合企業（X2社）の株式を有しておらず子会社または関連会社以外の場合には，結合後企業もP社の子会社または関連会社以外となります。

【スキーム図】

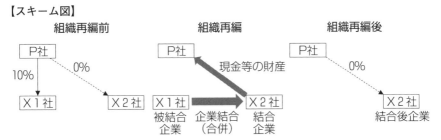

　このような現金等の財産のみを受取対価として子会社または関連会社以外の会社（X1社）を被結合企業とする企業結合において，その会社の株式が現金等の財産のみと引き換えられた場合，被結合企業の株主である投資会社（P社）は，個別財務諸表上，受け取った現金等の財産を原則として時価により計上し，引き換えられた被結合企業である子会社または関連会社以外の会社（X1社）に係る株式の適正な帳簿価額との差額を原則として交換損益として認識します（企業結合・事業分離適用指針270(1)，事業分離会計基準37(1)）。

設例

【前提条件】

　X1年3月31日において，P社（3月決算）は，X1社（3月決算）の株式の10%を保有し，その他有価証券としている。

　X1年3月31日（組織再編直前）におけるP社の貸借対照表は以下のとおり

である。

P社貸借対照表

諸資産	190,000	諸負債	15,000
X1社株式	5,000	資本金	100,000
		資本剰余金	20,000
		繰越利益剰余金	60,000

　X1年3月31日において，外部会社であるX2社は，現金585,000を対価（そのうちP社への支払いは58,500）として，同社を吸収合併存続会社，X1社を吸収合併消滅会社とする吸収合併を実施した。

【スキーム図】

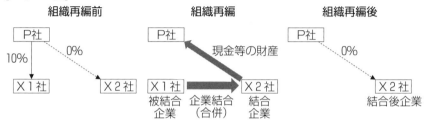

会計処理

　P社は，個別財務諸表上，受け取った現金を時価である58,500により計上し，引き換えられた被結合企業であるX1社に係る株式の適正な帳簿価額5,000との差額を交換損益として認識します。

（借）	現　　　　　金(※1)	58,500	（貸）	X　1　社　株　式		5,000
				交　換　損　益(※2)		53,500

（※1）　交換時の時価。
（※2）　現金の額と引き換えられたX1社株式の適正な帳簿価額との差額。

【組織再編後の財務諸表】

P社貸借対照表

諸資産	248,500	諸負債	15,000
		資本金	100,000
		資本剰余金	20,000
		繰越利益剰余金	113,500

> **ポイント** ・・・
>
> 　子会社または関連会社以外の投資先企業の企業結合において，投資先企業の株式が現金等の財産のみと交換された場合，被結合企業の株主である投資会社の個別財務諸表上，交換損益が認識されます。
> ・・

ケース　合併×株式のみを受取対価とする場合

⓳ 被結合企業が子会社であり，結合後企業も子会社となる場合の会計処理（子会社株式から子会社株式）

　株式のみを受取対価として，子会社（S1社）を被結合企業とする企業結合において，被結合企業の株主（P社）が結合企業（S2社）の株式を有し子会社としている場合，結合後企業もP社の子会社となります。このとき，被結合企業と結合企業の時価のそれぞれに対する持分比率により，被結合企業の株主としての持分比率が減少する場合があります。

【スキーム図】

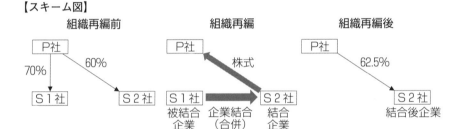

　このような株式のみを受取対価として子会社を被結合企業とする企業結合により，当該子会社の株式が結合企業の株式のみと引き換えられ，被結合企業の株主（親会社）の持分比率が減少した場合の会計処理は，事業分離における分離元企業の会計処理に準じて行うこととされています（事業分離会計基準38,17～23)。

(1)　被結合企業の株主である親会社の個別財務諸表上の会計処理

　本ケースでは，被結合企業（S1社）の株式は子会社である結合企業（S2社）の株式と引き換えられることから，引き換えられた結合企業（S2社）の株式を通じて投資がそのまま継続していると考えられます。そのため，親会社（P社）は，個別財務諸表上，受け取った結合企業（S2社）の株式を，引き換えられた被結合企業（S1社）の株式に係る企業結合直前の適正な帳簿価額

により計上し，交換損益は認識しません（企業結合・事業分離適用指針248）。

⑵　被結合企業である子会社の個別財務諸表上の会計処理

被結合企業である子会社（Ｓ2社）は，企業結合日の前日に決算を行い，資産および負債の適正な帳簿価額を算定します（企業結合会計基準41，企業結合・事業分離適用指針246）。

⑶　結合企業である子会社の個別財務諸表上の会計処理

本ケースは共通支配下の取引に該当することから，結合企業である子会社（Ｓ2社）は，被結合企業である子会社（Ｓ1社）から受け入れる資産および負債を，企業結合日の前日に付された適正な帳簿価額により計上し，被結合企業（Ｓ1社）の企業結合の前日に付された適正な帳簿価額による株主資本の額を払込資本（資本金または資本剰余金）として会計処理します。このとき，増加すべき払込資本の内訳項目（資本金，資本準備金またはその他資本剰余金）は，会社法の規定に基づき決定します（企業結合・事業分離適用指針247，185⑴）。

なお，被結合企業である子会社（Ｓ1社）の評価・換算差額等は引き継ぎます。また，企業結合に要した支出額は発生時の費用として会計処理します（企業結合・事業分離適用指針185⑵）。

⑷　連結財務諸表上の会計処理

結合後企業（Ｓ2社）は被結合企業の株主（Ｐ社）の子会社となるため，被結合企業の株主である親会社（Ｐ社）は引き続き連結財務諸表を作成することになります。連結財務諸表上，被結合企業の株主（親会社）は，結合企業に係る株主（親会社）の持分の増加額と被結合企業に係る株主（親会社）の持分の減少額との間に生じる差額を資本剰余金として計上します（企業結合・事業分離適用指針249）。

設例

（前提条件）

Ｘ1年3月31日において，Ｐ社（3月決算）は，Ｓ1社（3月決算）の株式

の70％を保有し，子会社としている。また，Ｐ社は，Ｓ２社（３月決算）の株式の60％を保有し，子会社としている。なお，連結財務諸表上，Ｓ１社については支配獲得時において生じたのれん7,000の未償却残高が2,800あり，Ｓ２社については設立時取得であることからのれんはない。さらに，Ｓ１社およびＳ２社のいずれも，支配獲得時において諸資産および諸負債の時価と帳簿価額は一致していた。

　Ｘ１年３月31日（組織再編直前）における各社の貸借対照表は以下のとおりである。

Ｐ社貸借対照表

諸資産	88,000	諸負債	15,000
Ｓ１社株式	77,000	資本金	100,000
Ｓ２社株式	30,000	資本剰余金	20,000
		繰越利益剰余金	60,000

Ｓ１社貸借対照表

諸資産 (※1)	175,000	諸負債 (※1)	90,000
土地 (※1)	65,000	資本金	95,000
		繰越利益剰余金 (※2)	45,000
		(うち，当期純利益)	(8,000)
		その他有価証券評価差額金	10,000

(※1) 土地のＸ１年３月31日における時価は70,000である。諸資産および諸負債のＸ１年３月31日における時価は帳簿価額と一致している。
(※2) 取得後利益剰余金は40,000である。

Ｓ２社貸借対照表

諸資産 (※1)	300,000	諸負債 (※1)	25,000
		資本金	50,000
		繰越利益剰余金	225,000
		(うち，当期純利益)	(30,000)

(※1) 諸資産および諸負債のＸ１年３月31日における時価は帳簿価額と一致している。

　Ｘ１年３月31日において，Ｓ２社は，Ｓ２社株式（時価195,000）を対価として，同社を吸収合併存続会社，Ｓ１社を吸収合併消滅会社とする吸収合併を実施した。なお，増加すべき株主資本はすべて資本剰余金とする。

【スキーム図】

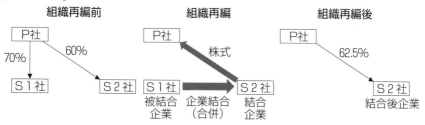

　吸収合併直前におけるS1社の時価は195,000であり，S2社の時価は585,000である。

【会計処理】

(1)　P社（親会社）の個別財務諸表上の会計処理

　P社は，個別財務諸表上，受け取った結合企業の株式を，引き換えられた被結合企業の株式の企業結合直前の適正な帳簿価額である77,000により計上し，交換損益は認識しません。

(借)　S2社株式(※1)	77,000	(貸)　S1社株式	77,000

（※1）　S1社株式の適正な帳簿価額。

(2)　S1社（吸収合併消滅会社）の個別財務諸表上の会計処理

　S1社は，企業結合日であるX1年3月31日の前日に決算を行い，資産および負債の適正な帳簿価額を算定します。そして，S2社を結合企業とする企業結合により消滅します。

(借)　諸　　負　　債	90,000	(貸)　諸　　資　　産	175,000
資　　本　　金	95,000	土　　　　　地	65,000
利　益　剰　余　金	45,000		
その他有価証券評価差額金	10,000		

(3)　S2社（吸収合併存続会社）の個別財務諸表上の会計処理

　S2社は，S1社から受け入れる資産および負債を，企業結合日であるX1年3月31日の前日に付された適正な帳簿価額により計上し，その株主資本相当

額を純資産とします。なお，被結合企業である子会社の評価・換算差額等は引き継ぎます。

（借）諸　　資　　産 (※1)	175,000	（貸）諸　　負　　債 (※1)	90,000
土　　　　地 (※1)	65,000	資 本 剰 余 金	140,000
		その他有価証券 (※1) 評 価 差 額 金	10,000

（※1）　S1社で計上されていた適正な帳簿価額。

⑷　P社の連結財務諸表上の会計処理

P社は，結合後企業であるS2社を62.5％子会社とするため，引き続き連結財務諸表を作成します。

①　S1社に関する処理

子会社株式であるS1社株式に関する開始仕訳は以下のとおりです。なお，支配獲得時ののれん7,000は償却期間5年，定額法により償却しているものとし，前年度末において2年が経過しているものとします。

（借）資　　本　　金	95,000	（貸）S 1 社 株 式	77,000
利 益 剰 余 金 (※1)	17,400	非支配株主持分 (※2)	42,600
その他有価証券 評 価 差 額 金	3,000		
の　　れ　　ん (※3)	4,200		

（※1）　17,400＝S1社取得時利益剰余金5,000＋S1社取得後利益剰余金32,000 (※4)×非支配株主持分比率30％＋（支配獲得時ののれん7,000÷償却期間5年×経過年数2年）
（※2）　42,600＝S1社純資産額（95,000＋37,000 (※5)＋10,000）×非支配株主持分比率30％
（※3）　4,200＝支配獲得時ののれん7,000－（支配獲得時ののれん7,000÷償却期間5年）×経過年数2年
（※4）　組織再編直前のS1社取得後利益剰余金40,000－S1社の当期純利益8,000
（※5）　組織再編直前のS1社繰越利益剰余金45,000－S1社の当期純利益8,000

S1社において生じているのれんを償却します。

| （借）のれん償却費 (※1) | 1,400 | （貸）の　れ　ん | 1,400 |

（※1）　1,400＝支配獲得時ののれん7,000÷償却期間5年

　Ｓ１社の非支配株主に帰属する当期純利益を按分します。

（借）	非支配株主に帰属^{（※１）}する当期純利益	2,400	（貸）	非支配株主持分	2,400

（※１）　2,400＝Ｓ１社の当期純利益8,000×Ｓ１社の非支配株主持分比率30％

　Ｓ１社はＳ２社による企業結合により消滅しているため，Ｓ１社株式に関する連結仕訳を振り戻します。

（借）	Ｓ１社株式	77,000	（貸）	資　本　金	95,000
	非支配株主持分^{（※１）}	45,000		利益剰余金^{（※２）}	21,200
				その他有価証券評価差額金	3,000
				の　れ　ん^{（※３）}	2,800

（※１）　45,000＝開始仕訳42,600＋非支配株主に帰属する当期純利益相当額2,400
（※２）　21,200＝開始仕訳17,400＋のれん償却費相当額1,400＋非支配株主に帰属する当期純利益相当額2,400
（※３）　2,800＝開始仕訳4,200＋のれん償却費相当額△1,400

　Ｓ２社によるＳ１社の企業結合に係る持分変動を処理します。

（借）	資本剰余金^{（※１）}	140,000	（貸）	Ｓ２社株式^{（※２）}	77,000
	の　れ　ん^{（※３）}	2,800		利益剰余金^{（※４）}	23,800
	その他有価証券評価差額金^{（※５）}	3,750		非支配株主持分	49,375
	資本剰余金^{（※６）}	3,625			

（※１）　Ｓ２社においてＳ１社より受け入れた資産および負債の差額として計上した資本剰余金。
（※２）　Ｐ社においてＳ１社株式と引換えに取得したＳ２社株式の取得原価。
（※３）　企業結合直前のＳ１社に係るのれん残高。
（※４）　企業結合直前のＳ１社に係る取得後利益剰余金23,800＝Ｓ１社利益剰余金45,000－開始仕訳17,400－のれん償却費相当額1,400－非支配株主に帰属する当期純利益相当額2,400
（※５）　企業結合直前のＳ１社に係るその他包括利益累計額の非支配株主持分への按分額。
（※６）　△3,625＝結合企業に係る持分の増加から生じた資本剰余金△7,750^{（※７）}＋被結合企業に係る持分の減少から生じた資本剰余金4,125^{（※８）}
（※７）　△7,750＝（Ｓ２社時価585,000－Ｓ２社株主資本簿価275,000）×増加持分比率2.5％
（※８）　4,125＝（Ｓ１社時価195,000－Ｓ１社株主資本簿価140,000）×減少持分比率△7.5％

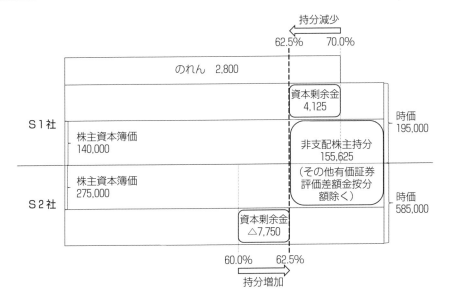

② S2社に関する処理

子会社株式であるS2社株式に関する開始仕訳は以下のとおりです。

(借)	資　本　金	50,000	(貸)	S　2　社　株　式	30,000
				非支配株主持分 (※1)	20,000
(借)	利　益　剰　余　金	78,000	(貸)	非支配株主持分 (※2)	78,000

(※1)　20,000＝S2社の取得時純資産50,000×S2社の非支配株主持分比率40%

(※2)　78,000＝S2社の取得後利益剰余金195,000×S2社の非支配株主持分比率40%

S2社の非支配株主に帰属する当期純利益を按分します。

| (借) | 非支配株主に帰属 (※1) する当期純利益 | 12,000 | (貸) | 非支配株主持分 | 12,000 |

(※1)　12,000＝S2社の当期純利益30,000×S2社の非支配株主持分比率40%

【組織再編後の財務諸表】

P社貸借対照表

諸資産	88,000	諸負債	15,000
S2社株式	107,000	資本金	100,000
		資本剰余金	20,000
		繰越利益剰余金	60,000

S2社貸借対照表

諸資産	475,000	諸負債	115,000
土地	65,000	資本金	50,000
		資本剰余金	140,000
		繰越利益剰余金	225,000
		（うち，当期純利益）	（30,000）
		その他有価証券評価差額金	10,000

P社連結貸借対照表

諸資産	563,000	諸負債	130,000
土地	65,000	資本金	100,000
のれん	2,800	資本剰余金	16,375
		繰越利益剰余金[※1]	218,800
		非支配株主持分	159,375
		その他有価証券評価差額金	6,250

（※1）　218,800＝P社個社60,000＋S2社個社225,000＋連結調整△66,200[※2]

（※2）　△66,200＝S2社開始仕訳△78,000＋S2社非支配株主に帰属する当期純利益
　　　　△12,000＋S1社取得後利益剰余金23,800

ポイント ••

　連結財務諸表上，被結合企業の株主としての持分は減少し，結合企業の株主としての持分は増加し，それぞれの取引において資本取引から生じた持分変動額に係る差額として資本剰余金が生じます。なお，持分が増減しても，支配が継続している限り，一度計上されたのれんは変動しません。

••

ケース　合併×株式のみを受取対価とする場合

❷⓿ 被結合企業が子会社であり，結合後企業が関連会社となる場合の会計処理（子会社株式から関連会社株式）

　株式のみを受取対価として子会社（S社）を被結合企業とする企業結合において，被結合企業の株主（P社）が結合企業（A社）の株式を有し関連会社としており，引き続き結合後企業がP社の関連会社となる場合について解説します。

【スキーム図】

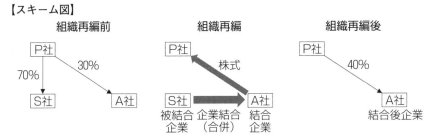

　このような株式のみを受取対価として子会社を被結合企業とする企業結合において，子会社の株式が結合企業の株式のみと引き換えられ，被結合企業の株主（親会社）の持分比率が減少した場合の会計処理は，事業分離における分離元企業の会計処理に準じて行うこととされています（事業分離会計基準38，17〜23）。

(1)　被結合企業の株主である親会社の個別財務諸表上の会計処理

　本ケースでは，被結合企業（S社）の株式は関連会社である結合企業（A社）の株式と引き換えられることから，引き換えられた結合企業（A社）の株式を通じて投資がそのまま継続していると考えられます。そのため，親会社（P社）は，個別財務諸表上，受け取った結合企業の株式を，引き換えられた被結合企業の株式に係る企業結合直前の適正な帳簿価額により計上し，交換損益は認識しません（企業結合・事業分離適用指針275(1)）。

⑵　被結合企業である子会社の個別財務諸表上の会計処理

　被結合企業である子会社（S社）は，企業結合日の前日に決算を行い，資産および負債の適正な帳簿価額を算定します。

⑶　結合企業である関連会社の個別財務諸表上の会計処理

　本ケースは，結合企業である関連会社（A社）による取得に該当することから，結合企業である関連会社（A社）は，取得の対価である株式の時価により算定した取得原価を，被結合企業である子会社（S社）から受け入れる資産および負債のうち企業結合日において識別可能なもの（識別可能資産および負債）に対して，その企業結合日における時価を基礎として配分し，取得原価と取得原価の配分額との差額はのれん（または負ののれん）として計上します（企業結合会計基準23，28，31，企業結合・事業分離適用指針36，51）。

⑷　連結財務諸表上の会計処理

　結合後企業（A社）は被結合企業の株主（P社）の関連会社となりますが，他に子会社が存在する場合には，被結合企業の株主である親会社（P社）は連結財務諸表を作成することになります。連結財務諸表上，被結合企業の株主（親会社）は，これまで連結していた被結合企業（S社）の株式については，持分法へ修正するとともに，結合後企業（A社）に係る被結合企業の株主の持分の増加額と，従来の被結合企業（S社）に係る被結合企業の株主の持分の減少額との間に生じる差額は，以下のように処理します（企業結合・事業分離適用指針275⑵）。

---

①　結合企業に対して投資したとみなされる額（企業結合直前の結合企業の時価に増加する被結合企業の株主の持分比率を乗じた額）と，これに対応する企業結合直前の結合企業の資本（原則として，部分時価評価法の原則法により，資産および負債を時価評価した後の評価差額を含む）との間に生じる差額については，のれんまたは負ののれんとして処理する。

②　被結合企業に対する持分が交換されたとみなされる額（交換された被結合企業の時価に減少したその株主の持分比率を乗じた額であり，①の結合企業に対して投資したとみなされる額と同額）と，従来の被結合企業に係る被結合企業の株主の持分の減少額との間に生じる差額については，持分変動差額として取り扱う。

設例

前提条件

X1年3月31日において，P社（3月決算）は，S社（3月決算）の株式の70％を保有し，子会社としている。また，P社は，A社（3月決算）の株式の30％を保有し，関連会社としている。なお，連結財務諸表上，S社については支配獲得時において生じたのれん7,000の未償却残高が2,800あり，A社については設立時取得であることからのれんはない。さらに，S社およびA社のいずれも，支配獲得時または持分法適用開始時において諸資産および諸負債の時価と帳簿価額は一致していた。

X1年3月31日（組織再編直前）における各社の貸借対照表は以下のとおりである。

P社貸借対照表

諸資産	103,000	諸負債	15,000
S社株式	77,000	資本金	100,000
A社株式	15,000	資本剰余金	20,000
		繰越利益剰余金	60,000

S社貸借対照表

諸資産(※1)	175,000	諸負債(※1)	90,000
土地(※1)	65,000	資本金	95,000
		繰越利益剰余金(※2)	45,000
		（うち，当期純利益）	(8,000)
		その他有価証券評価差額金	10,000

（※1）　土地のX1年3月31日における時価は70,000である。諸資産および諸負債のX1年3月31日における時価は帳簿価額と一致している。
（※2）　取得後利益剰余金は40,000である。

A社貸借対照表

諸資産(※1)	300,000	諸負債(※1)	25,000
		資本金	50,000
		繰越利益剰余金	225,000
		（うち，当期純利益）	(30,000)

（※1）　諸資産および諸負債のX1年3月31日における時価は帳簿価額と一致している。

　X1年3月31日において，A社は，A社株式（時価195,000）を対価として，同社を吸収合併存続会社，S社を吸収合併消滅会社とする吸収合併を実施した。なお，増加すべき株主資本はすべて資本剰余金とする。

【スキーム図】

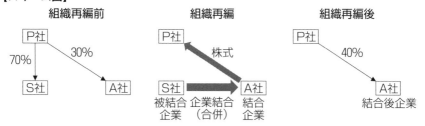

　吸収合併直前におけるS社の時価は195,000であり，A社の時価は585,000である。

会計処理

(1)　P社（親会社）の個別財務諸表上の会計処理

　P社は，個別財務諸表上，受け取った結合企業の株式を，引き換えられた被結合企業の株式の企業結合直前の適正な帳簿価額である77,000により計上し，交換損益は認識しません。

（借）	A 社 株 式^{（※1）}	77,000	（貸）	S 社 株 式	77,000

（※1）　S社株式の適正な帳簿価額。

(2)　S社（吸収合併消滅会社）の個別財務諸表上の会計処理

　S社は，企業結合日であるX1年3月31日の前日に決算を行い，資産および負債の適正な帳簿価額を算定します。そして，A社を結合企業とする企業結合により消滅します。

（借）	諸 　 負 　 債	90,000	（貸）	諸 　 資 　 産	175,000
	資 　 本 　 金	95,000		土 　 　 地	65,000
	利 益 剰 余 金	45,000			
	その他有価証券評価差額金	10,000			

(3) A社（吸収合併存続会社）の個別財務諸表上の会計処理

A社は，発行した株式の時価により算定した取得原価195,000を，S社から受け入れる資産および負債のうち企業結合日であるX1年3月31日における識別可能なものに対して，企業結合日における時価を基礎として配分し，取得原価195,000と取得原価の配分額の差額を，のれん（または負ののれん）として計上します。

（借）	諸　　資　　産 (※1)	175,000	（貸）	諸　　負　　債 (※1)	90,000
	土　　　　　地 (※1)	70,000		資 本 剰 余 金	195,000
	の　れ　ん (※2)	40,000			

（※1）　企業結合日における時価。
（※2）　貸借差額。

(4) P社の連結財務諸表上の会計処理

P社は，S社以外の子会社を有しているため，引き続き連結財務諸表を作成します。ただし，S社以外の子会社の影響は度外視します。

① S社に関する処理

子会社株式であるS社株式に関する開始仕訳は以下のとおりです。なお，支配獲得時ののれん7,000は償却期間5年，定額法により償却しているものとし，前年度末において2年が経過しているものとします。

（借）	資　　本　　金	95,000	（貸）	S　社　株　式	77,000
	利 益 剰 余 金 (※1)	17,400		非支配株主持分 (※2)	42,600
	その他有価証券 評 価 差 額 金	3,000			
	の　れ　ん (※3)	4,200			

（※1）　17,400＝S社取得時利益剰余金5,000＋S社取得後利益剰余金32,000 (※4) ×非支配株主持分比率30％＋（支配獲得時ののれん7,000÷償却期間5年×経過年数2年）
（※2）　42,600＝S社純資産額（95,000＋37,000 (※5) ＋10,000）×非支配株主持分比率30％
（※3）　4,200＝支配獲得時ののれん7,000－（支配獲得時ののれん7,000÷償却期間5年×経過年数2年）
（※4）　組織再編直前のS社取得後利益剰余金40,000－S社の当期純利益8,000
（※5）　組織再編直前のS社繰越利益剰余金45,000－S社の当期純利益8,000

Ｓ社において生じているのれんを償却します。

（借）　のれん償却費^{（※1）}	1,400	（貸）　の　れ　ん	1,400

（※1）　1,400＝支配獲得時ののれん7,000÷償却期間5年

Ｓ社の非支配株主に帰属する当期純利益を按分します。

（借）　非支配株主に帰属^{（※1）}する当期純利益	2,400	（貸）　非支配株主持分	2,400

（※1）　2,400＝Ｓ1社の当期純利益8,000×Ｓ社の非支配株主持分比率30％

　Ｓ社はＡ社による企業結合により消滅しているため，Ｓ社株式に関する連結仕訳を振り戻します。

（借）　Ｓ　社　株　式	77,000	（貸）　資　　本　　金	95,000
非支配株主持分^{（※1）}	45,000	利　益　剰　余　金^{（※2）}	21,200
		その他有価証券評価差額金	3,000
		の　　れ　　ん^{（※3）}	2,800

（※1）　45,000＝開始仕訳42,600＋非支配株主に帰属する当期純利益相当額2,400
（※2）　21,200＝開始仕訳17,400＋のれん償却費相当額1,400＋非支配株主に帰属する当期純利益相当額2,400
（※3）　2,800＝開始仕訳4,200＋のれん償却費相当額△1,400

　Ａ社によるＳ社の企業結合に係る持分法への調整を行います。

（借）　Ａ　社　株　式	43,100	（貸）　利　益　剰　余　金^{（※1）}	23,800
		その他有価証券評価差額金^{（※2）}	4,000
		持分変動差額^{（※3）}	15,300

（※1）　企業結合直前のＳ社に係る取得後利益剰余金23,800＝Ｓ社利益剰余金45,000－開始仕訳17,400－のれん償却費相当額1,400－非支配株主に帰属する当期純利益相当額2,400
（※2）　企業結合直前のＳ社におけるその他有価証券評価差額金10,000のうち，企業結合後のＡ社に対する投資の一部として引き継がれる部分4,000（＝10,000×Ａ社の持分比率40％）。
（※3）　15,300＝被結合企業に係る持分の減少から生じた持分変動差額16,500^{（※4）}－のれんの取崩額1,200^{（※5）}
（※4）　16,500＝（Ｓ社時価195,000－Ｓ社株主資本簿価140,000）×減少持分比率30％
（※5）　1,200＝企業結合直前のＳ社ののれん残高2,800×（減少持分比率30％÷企業結合直前のＳ社の持分比率70％）

　A社の持分が30％から40％へと増加したことによる追加取得の会計処理により，追加投資したとみなされる額58,500^{（※1）}とこれに対応するA社の株主資本27,500^{（※2）}の差額として認識されるのれん31,000は，持分法投資に含めて処理します。

（※1）　58,500＝A社の時価585,000×増加した持分比率10％
（※2）　27,500＝（A社の株主資本簿価275,000＋資産負債に係る評価差額0）×増加した持分比率10％

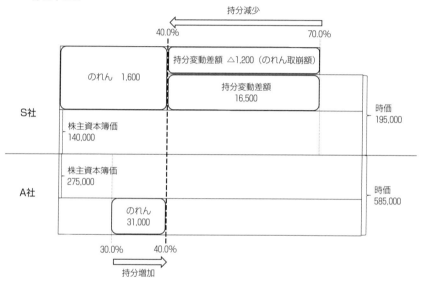

② 　A社に関する処理

　関連会社株式であるA社株式に関する持分法適用仕訳の開始仕訳は以下のとおりです。

（借）　A　社　株　式^{（※1）}	58,500	（貸）　利　益　剰　余　金	58,500

（※1）　58,500＝A社の取得後利益剰余金195,000×A社持分比率30％

　A社の当期純利益に基づき持分法による投資損益を計上します。

（借）　A　社　株　式^{（※1）}	9,000	（貸）　持 分 法 に よ る 投 資 利 益	9,000

（※1）　9,000＝A社の当期純利益30,000×A社持分比率30%

【組織再編後の財務諸表】

P社貸借対照表

諸資産	103,000	諸負債	15,000
A社株式	92,000	資本金	100,000
		資本剰余金	20,000
		繰越利益剰余金	60,000

A社貸借対照表

諸資産	475,000	諸負債	115,000
土地	70,000	資本金	50,000
のれん	40,000	資本剰余金	195,000
		繰越利益剰余金	225,000
		（うち，当期純利益）	（30,000）

P社連結貸借対照表

諸資産	103,000	諸負債	15,000
A社株式	202,600	資本金	100,000
		資本剰余金	20,000
		繰越利益剰余金（※1）	166,600
		その他有価証券評価差額金	4,000

（※1）　166,600＝P社個社60,000＋連結調整106,600（※2）
（※2）　106,600＝A社開始仕訳58,500＋A社持分法9,000＋S社取得後利益剰余金23,800＋持分変動差額15,300

> **ポイント**
>
> 　連結財務諸表上，子会社である被結合企業が関連会社である結合企業と企業結合した結果，結合後企業が関連会社となる場合があります。この場合，被結合企業の株主としての持分の減少から生じた差額は，その持分減少によるのれんの取崩額を考慮して，損益として計上されます。

ケース　合併×株式のみを受取対価とする場合

㉑ 被結合企業が子会社であり，結合後企業が子会社または関連会社以外となる場合の会計処理（子会社株式からその他有価証券）

　株式のみを受取対価として，子会社（S社）を被結合企業とする企業結合において，被結合企業の株主（P社）が結合企業（X社）の株式を有しておらず，結合後企業がP社の子会社または関連会社以外となる場合について解説します。

【スキーム図】

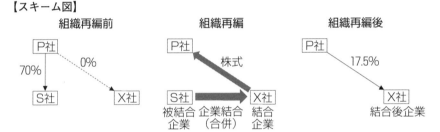

　このような株式のみを受取対価として子会社を被結合企業とする企業結合において，子会社の株式が結合企業の株式のみと引き換えられ，被結合企業の株主（親会社）の持分比率が減少した場合の会計処理は，事業分離における分離元企業の会計処理に準じて行うこととされています（事業分離会計基準38，17～23）。

(1)　被結合企業の株主である親会社の個別財務諸表上の会計処理

　本ケースでは，被結合企業（S社）の株式は子会社または関連会社以外となる結合企業（X社）の株式，すなわちその他有価証券と引き換えられることから，子会社株式や関連会社株式と引き換えられる場合と異なり，移転した事業に関する投資は継続していないと考えられます。このため，親会社（P社）は，個別財務諸表上，受け取った結合企業（X社）の株式を，その時価または被結合企業の株式の時価のうち，より高い信頼性をもって測定可能な時価により計上し，引き換えられた被結合企業である子会社（S社）に係る株式の適正な帳

簿価額との差額を原則として交換損益として認識します（企業結合・事業分離適用指針276(1)）。

(2)　被結合企業である子会社の個別財務諸表上の会計処理

　被結合企業である子会社（S社）は，企業結合日の前日に決算を行い，資産および負債の適正な帳簿価額を算定します。

(3)　連結財務諸表上の会計処理

　結合後企業（X社）は被結合企業の株主（P社）の子会社または関連会社ではありませんが，他に子会社が存在する場合には，被結合企業の株主である親会社（P社）は連結財務諸表を作成することになります。連結財務諸表上，これまで連結していた被結合企業（S社）の株式は，親会社（P社）の個別貸借対照表上の帳簿価額（結合後企業の株式の時価または被結合企業の株式の時価のうち，より高い信頼性をもって測定可能な時価）をもって評価します（企業結合・事業分離適用指針276(2)）。このとき，親会社（P社）の個別財務諸表において認識された交換損益については，被結合企業（S社）における取得後利益剰余金に係る調整が必要となります。

設例

前提条件

　X1年3月31日において，P社（3月決算）は，S社（3月決算）の株式の70％を保有し，子会社としている。なお，連結財務諸表上，S社については，支配獲得時において生じたのれん7,000の未償却残高が2,800ある。さらに，支配獲得時においてS社の諸資産および諸負債の時価と帳簿価額は一致していた。

　X1年3月31日（組織再編直前）における各社の貸借対照表は以下のとおりである。

P社貸借対照表

諸資産	118,000	諸負債	15,000
S社株式	77,000	資本金	100,000
		資本剰余金	20,000
		繰越利益剰余金	60,000

S社貸借対照表

| 諸資産^(※1) | 175,000 | 諸負債^(※1) | 90,000 |

諸資産(※1)	175,000	諸負債(※1)	90,000
土地(※1)	65,000	資本金	95,000
		繰越利益剰余金(※2)	45,000
		(うち，当期純利益)	(8,000)
		その他有価証券評価差額金	10,000

（※1） 土地のX1年3月31日における時価は70,000である。諸資産および諸負債のX1年
3月31日における時価は帳簿価額と一致している。
（※2） 取得後利益剰余金は40,000である。

　X1年3月31日において，X社は，X社株式（時価195,000）を対価として，同社を吸収合併存続会社，S社を吸収合併消滅会社とする吸収合併を実施した。

【スキーム図】

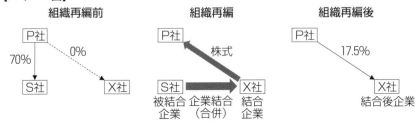

　吸収合併直前におけるS社の時価は195,000であり，X社の時価は585,000である。

会計処理

(1) P社（親会社）の個別財務諸表上の会計処理

　P社は，個別財務諸表上，受け取った結合企業の株式を，S社株式の時価より高い信頼性をもって測定可能であったX社株式の時価である195,000により計上し，引き換えられた被結合企業であるS社に係る株式の適正な帳簿価額

77,000との差額を交換損益として認識します。

| (借) | X 社 株 式 [※1] | 195,000 | (貸) | S 社 株 式 | 77,000 |
| | | | | 交 換 損 益 [※2] | 118,000 |

（※1）　交換時の時価。
（※2）　引き換えられたS社株式の適正な帳簿価額との差額。

(2)　S社（吸収合併消滅会社）の個別財務諸表上の会計処理

　S社は，企業結合日であるX1年3月31日の前日に決算を行い，資産および負債の適正な帳簿価額を算定します。そして，X社を結合企業とする企業結合により消滅します。

(借)	諸 負 債	90,000	(貸)	諸 資 産	175,000
	資 本 金	95,000		土 地	65,000
	利 益 剰 余 金	45,000			
	その他有価証券評価差額金	10,000			

(3)　P社の連結財務諸表上の会計処理

　P社は，S社以外の子会社を有しているため，引き続き，連結財務諸表を作成します。ただし，S社以外の子会社の影響は度外視します。

　子会社株式であるS社株式に関する開始仕訳は以下のとおりです。なお，支配獲得時ののれん7,000は償却期間5年，定額法により償却しているものとし，前年度末において2年が経過しているものとします。

(借)	資 本 金	95,000	(貸)	S 社 株 式	77,000
	利 益 剰 余 金 [※1]	17,400		非支配株主持分 [※2]	42,600
	その他有価証券評価差額金	3,000			
	の れ ん [※3]	4,200			

（※1）　17,400＝S社取得時利益剰余金5,000＋S社取得後利益剰余金32,000 [※4] ×非支配株主持分比率30％＋（支配獲得時ののれん7,000÷償却期間5年×経過年数2年）
（※2）　42,600＝S社純資産額（95,000＋37,000 [※5] ＋10,000）×非支配株主持分比率30％
（※3）　4,200＝支配獲得時ののれん7,000－（支配獲得時ののれん7,000÷償却期間5年×経過年数2年）
（※4）　組織再編直前のS社取得後利益剰余金40,000－S社の当期純利益8,000

（※5）　組織再編直前のS社繰越利益剰余金45,000－S社の当期純利益8,000

S社において生じているのれんを償却します。

| （借）　の れ ん 償 却 費 [※1] | 1,400 | （貸）　の　　れ　　ん | 1,400 |

（※1）　1,400＝支配獲得時ののれん7,000÷償却期間5年

S社の非支配株主に帰属する当期純利益を按分します。

| （借）　非支配株主に帰属 [※1]　する当期純利益 | 2,400 | （貸）　非支配株主持分 | 2,400 |

（※1）　2,400＝S1社の当期純利益8,000×S社の非支配株主持分比率30%

S社はX社による企業結合により消滅しているため，S社株式に関する連結仕訳を振り戻します。

（借）　S　社　株　式	77,000	（貸）　資　　本　　金	95,000
非支配株主持分 [※1]	45,000	利 益 剰 余 金 [※2]	21,200
		その他有価証券評 価 差 額 金	3,000
		の　　れ　　ん [※3]	2,800

（※1）　45,000＝開始仕訳42,600＋非支配株主に帰属する当期純利益相当額2,400
（※2）　21,200＝開始仕訳17,400＋のれん償却費相当額1,400＋非支配株主に帰属する当期純利益相当額2,400
（※3）　2,800＝開始仕訳4,200＋のれん償却費相当額△1,400

X社によるS社の企業結合によりP社の個別財務諸表において発生したS社株式の交換損益について，S社における取得後利益剰余金に係る調整を行います。具体的には，S社を連結していたことにより生じていた取得後利益剰余金のうち，減少した持分比率に相当する部分については交換損益の修正として調整し，残存する持分比率に相当する部分については連結除外による利益剰余金の減少として処理します。

| （借）　交　換　損　益 [※1] | 17,850 | （貸）　利 益 剰 余 金 [※2] | 23,800 |
| 　　連結除外による [※3]　利益剰余金減少高 | 5,950 | | |

（※1）　17,850＝S社を連結していたことにより生じていた取得後利益剰余金23,800 [※2]×（減少持分比率52.5%÷企業結合前の持分比率70%）

（※2）　23,800＝S社利益剰余金45,000－開始仕訳17,400－のれん償却費相当額1,400－非支配
　　　　株主に帰属する当期純利益相当額2,400
（※3）　5,950＝S社を連結していたことにより生じていた取得後利益剰余金23,800×（残存
　　　　持分比率17.5％÷企業結合前の持分比率70％）

【組織再編後の財務諸表】

P社貸借対照表

諸資産	118,000	諸負債	15,000
X社株式	195,000	資本金	100,000
		資本剰余金	20,000
		繰越利益剰余金	178,000

P社連結貸借対照表

諸資産	118,000	諸負債	15,000
X社株式	195,000	資本金	100,000
		資本剰余金	20,000
		繰越利益剰余金（※1）	178,000

（※1）　178,000＝P社個社178,000＋連結調整0

> **ポイント**
>
> 　個別財務諸表上，子会社株式がその他有価証券と引き換えられることにより，被結合企業の株主である親会社において交換損益が認識されます。連結財務諸表上，子会社における取得後利益剰余金に係る調整がなされ，売却部分については交換損益の調整となり，残存持分に係る利益剰余金は株主資本等変動計算書により変動させます。

168

ケース　合併×株式のみを受取対価とする場合

❷❷ 被結合企業が関連会社であり，結合後企業も関連会社となる場合の会計処理（関連会社株式から関連会社株式）

　株式のみを受取対価として関連会社（A1社）を被結合企業とする企業結合において，被結合企業の株主（P社）が結合企業（A2社）の株式を有し関連会社としており，結合後企業がP社の関連会社となる場合について解説します。

【スキーム図】

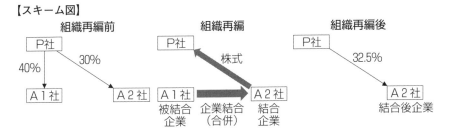

　このような株式のみを受取対価として関連会社を被結合企業とする企業結合において，関連会社の株式が結合企業の株式のみと引き換えられ，被結合企業の株主（親会社）の持分比率が減少するものの，結合後企業が引き続き被結合企業の株主の関連会社である場合には，以下のとおり会計処理します（事業分離会計基準40）。

(1)　被結合企業の株主である投資会社の個別財務諸表上の会計処理

　本ケースでは，被結合企業（A1社）の株式は関連会社である結合企業（A2社）の株式と引き換えられることから，引き換えられた結合企業（A2社）の株式を通じて投資がそのまま継続していると考えられます。そのため，投資会社（P社）は，個別財務諸表上，受け取った結合企業（A2社）の株式を，引き換えられた被結合企業（A1社）の株式に係る企業結合直前の適正な帳簿価額により計上し，交換損益は認識しません（企業結合・事業分離適用指針277(1)）。

⑵　被結合企業である関連会社の個別財務諸表上の会計処理

　被結合企業である関連会社（Ａ1社）は，企業結合日の前日に決算を行い，資産および負債の適正な帳簿価額を算定します。

⑶　結合企業である関連会社の個別財務諸表上の会計処理

　本ケースは，結合企業である関連会社（Ａ2社）による取得に該当することから，結合企業である関連会社（Ａ2社）は，取得の対価である株式の時価により算定した取得原価を，被結合企業である関連会社（Ａ1社）から受け入れる資産および負債のうち企業結合日において識別可能なもの（識別可能資産および負債）に対して，その企業結合日における時価を基礎として配分し，取得原価と取得原価の配分額との差額はのれん（または負ののれん）として計上します（企業結合会計基準23，28，31，企業結合・事業分離適用指針36，51）。

⑷　連結財務諸表上の会計処理

　結合後企業（Ａ2社）は被結合企業の株主（Ｐ社）の関連会社となりますが，他に子会社が存在する場合には，被結合企業の株主である親会社（Ｐ社）は連結財務諸表を作成することになります。連結財務諸表上，持分法適用において，関連会社となる結合後企業（Ａ2社）に係る被結合企業の株主の持分の増加額と，従来の被結合企業に係る被結合企業の株主の持分の減少額との間に生じる差額は，以下のように処理します（企業結合・事業分離適用指針277⑵）。

---

① 　被結合企業に対する持分が交換されたとみなされる額（企業結合直前の結合企業の時価に増加する被結合企業の株主の持分比率を乗じた額）と，これに対応する企業結合直前の結合企業の資本（原則として，部分時価評価法の原則法により，資産および負債を時価評価した後の評価差額を含む。関連会社となる結合後企業に係る被結合企業の株主の持分の増加額）との間に生じる差額については，のれんまたは負ののれんとして処理する。
② 　被結合企業の株式が交換されたとみなされる額（被結合企業の時価のうちその株主の持分の減少額であり，①の被結合企業に対する持分が交換されたとみなされる額と同額となる）と，従来の被結合企業に係る被結合企業の株主の持分の減少額（被結合企業の株式に係る企業結合直前の適正な帳簿価額に減少した被結合企業の持分比率を乗じた額）との間に生じる差額については，持分変動差額として取り扱う。

　ただし，①と②のいずれかの金額に重要性が乏しいと考えられる場合には，
重要性のある他の金額に含めて処理することができます。

設例

前提条件

　X1年3月31日において，P社（3月決算）は，A1社（3月決算）の株式
の40％を保有し，関連会社としている。また，P社は，A2社（3月決算）の
株式の30％を保有し，関連会社としている。なお，連結財務諸表上，A1社に
ついては持分法適用開始時において生じたのれん4,000の未償却残高が1,600あ
り，A2社については設立時取得であることからのれんはない。さらに，A1
社およびA2社のいずれも，持分法適用開始時において諸資産および諸負債の
時価と帳簿価額は一致していた。

　X1年3月31日（組織再編直前）における各社の貸借対照表は以下のとおり
である。

P社貸借対照表

諸資産	136,000	諸負債	15,000
A1社株式	44,000	資本金	100,000
A2社株式	15,000	資本剰余金	20,000
		繰越利益剰余金	60,000

A1社貸借対照表

諸資産 (※1)	175,000	諸負債 (※1)	90,000
土地 (※1)	65,000	資本金	95,000
		繰越利益剰余金 (※2)	45,000
		（うち，当期純利益）	(8,000)
		その他有価証券評価差額金	10,000

（※1）　土地のX1年3月31日における時価は70,000である。諸資産および諸負債のX1年
　　　3月31日における時価は帳簿価額と一致している。

（※2）　取得後利益剰余金は40,000である。

A2社貸借対照表

諸資産 [※1]	300,000	諸負債 [※1]	25,000
		資本金	50,000
		繰越利益剰余金	225,000
		（うち，当期純利益）	（30,000）

（※1）　諸資産および諸負債のＸ1年3月31日における時価は帳簿価額と一致している。

　Ｘ1年3月31日において，A2社は，A2社株式（時価195,000）を対価として，同社を吸収合併存続会社，A1社を吸収合併消滅会社とする吸収合併を実施した。なお，増加すべき株主資本はすべて資本剰余金とする。

【スキーム図】

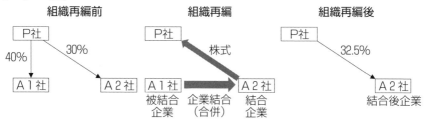

会計処理

(1)　P社の個別財務諸表上の会計処理

　P社は，個別財務諸表上，受け取った結合企業の株式を，引き換えられた被結合企業の株式の企業結合直前の適正な帳簿価額である44,000により計上し，交換損益は認識しません。

（借）　A 2 社 株 式 [※1]	44,000	（貸）　A 1 社 株 式	44,000

（※1）　A1社株式の適正な帳簿価額。

(2)　A1社（吸収合併消滅会社）の個別財務諸表上の会計処理

　A1社は，企業結合日であるＸ1年3月31日の前日に決算を行い，資産および負債の適正な帳簿価額を算定します。そして，A2社を結合企業とする企業結合により消滅します。

(借)	諸 負 債	90,000	(貸)	諸 資 産	175,000
	資 本 金	95,000		土 地	65,000
	利 益 剰 余 金	45,000			
	その他有価証券 評 価 差 額 金	10,000			

(3) Ａ２社（吸収合併存続会社）の個別財務諸表上の会計処理

Ａ２社は，発行した株式の時価により算定した取得原価195,000を，Ａ１社から受け入れる資産および負債のうち企業結合日であるＸ１年３月31日における識別可能なものに対して，企業結合日における時価を基礎として配分し，取得原価195,000と取得原価の配分額の差額を，のれん（または負ののれん）として計上します。

(借)	諸 資 産 (※1)	175,000	(貸)	諸 負 債 (※1)	90,000
	土 地 (※1)	70,000		資 本 剰 余 金	195,000
	の れ ん (※2)	40,000			

(※1) 企業結合日における時価。
(※2) 貸借差額。

(4) Ｐ社の連結財務諸表上の会計処理

Ｐ社は，他に子会社を有しているため，引き続き連結財務諸表を作成します。ただし，他の子会社の影響は度外視します。

① Ａ１社に関する処理

関連会社株式であるＡ１社株式に関する開始仕訳は以下のとおりです。なお，持分法適用開始時ののれん4,000は償却期間５年，定額法により償却しているものとし，前年度末において２年が経過しているものとします。

| (借) | Ａ１社株式 | 15,200 | (貸) | 利 益 剰 余 金 (※1) | 11,200 |
| | | | | その他有価証券
評 価 差 額 金 | 4,000 |

(※1) 11,200＝Ａ１社の前年度末の取得後利益剰余金32,000 (※2) ×Ａ１社持分比率40％－（支配獲得時ののれん4,000÷償却期間５年×経過年数２年）
(※2) 組織再編直前のＡ１社取得後利益剰余金40,000－Ａ１社の当期純利益8,000

Ａ１社株式について持分法による投資損益を算定します。

（借）　Ａ　１　社　株　式	3,200	（貸）　持 分 法 に よ る [※1] 投　資　利　益	3,200

（※1）　3,200＝Ａ１社の当期純利益8,000×Ａ１社持分比率40%

（借）　持 分 法 に よ る [※1] 投　資　利　益	800	（貸）　Ａ　１　社　株　式	800

（※1）　800＝支配獲得時ののれん4,000÷償却期間５年

Ａ１社はＡ２社による企業結合により消滅しているため，Ａ１社株式の残高をＡ２社株式に振り替えます。同時に，Ａ１社株式について認識していたその他有価証券評価差額金のうち，持分比率の減少に相当する部分を取り崩します。

（借）　Ａ　２　社　株　式 その他有価証表 [※2] 評　価　差　額　金	16,850 750	（貸）　Ａ　１　社　株　式 [※1]	17,600

（※1）　17,600＝開始仕訳15,200＋持分法による投資利益2,400
（※2）　750＝企業結合直前においてＡ１社株式について認識していたその他有価証券評価差額金4,000×（減少持分比率7.5%÷企業結合直前のＡ１社持分比率40%）

Ａ２社によるＡ１社の企業結合に係る持分変動に係る調整を行います。

（借）　Ａ　２　社　株　式	3,825	（貸）　持 分 変 動 差 額 [※1]	3,825

（※1）　3,825＝被結合企業に係る持分の減少から生じた持分変動差額4,125 [※2] －のれんの取崩額300 [※3]
（※2）　4,125＝（Ａ２社時価195,000－Ａ２社株主資本簿価140,000）×減少持分比率7.5%
（※3）　300＝企業結合直前のＡ１社ののれん残高1,600×（減少持分比率7.5%÷企業結合直前のＡ１社の持分比率40%）

また，Ｐ社によるＡ２社株式持分が30%から32.5%へと増加したことによる追加取得の会計処理により，追加投資したとみなされる額14,625 [※1] とこれに対応するＡ社の株主資本6,875 [※2] の差額として認識されるのれん7,750は，持分法投資（Ａ２社株式）に含めて処理します。

（※1）　14,625＝Ａ社の時価585,000×増加した持分比率2.5%
（※2）　6,875＝（Ａ社の株主資本簿価275,000＋資産負債に係る評価差額０）×増加した持分比率2.5%

174

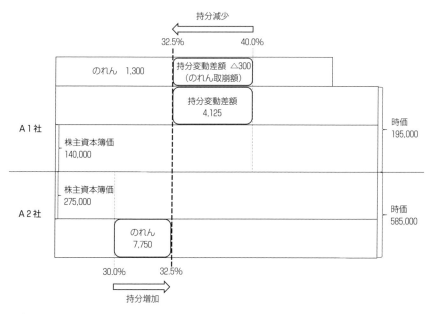

②　A2社に関する処理

関連会社株式であるA2社株式に関する持分法適用仕訳の開始仕訳は以下の
とおりです。

| (借) | A 2 社 株 式 ^(※1) | 58,500 | (貸) | 利 益 剰 余 金 | 58,500 |

(※1)　58,500＝A2社の取得後利益剰余金195,000×A2社持分比率30%

　A2社の当期純利益に基づき持分法による投資損益を計上します。

| (借) | A 2 社 株 式 ^(※1) | 9,000 | (貸) | 持 分 法 に よ る
投 資 利 益 | 9,000 |

(※1)　9,000＝A2社の当期純利益30,000×A2社持分比率30%

【組織再編後の財務諸表】

P社貸借対照表

諸資産	136,000	諸負債	15,000
A2社株式	59,000	資本金	100,000
		資本剰余金	20,000
		繰越利益剰余金	60,000

P社連結貸借対照表

諸資産	136,000	諸負債	15,000
A2社株式	147,175	資本金	100,000
		資本剰余金	20,000
		繰越利益剰余金 (※1)	144,925
		その他有価証券評価差額金	3,250

（※1）　144,925＝P社個社60,000＋連結調整84,925 (※2)

（※2）　84,925＝A2社開始仕訳58,500＋A2社持分法9,000＋A1社取得後利益剰余金
13,600＋持分変動差額3,825

> ┃ ポイント ┣ ‥‥‥‥‥‥‥‥‥‥‥‥‥‥‥‥‥‥‥‥‥‥‥‥‥‥‥‥‥‥‥‥‥‥‥‥

　連結財務諸表上，関連会社である被結合企業と同様に関連会社である結合企業とが企業結合したことにより，被結合企業の株主としての持分は減少し，結合企業の株主としての持分が増加した場合，被結合企業の株主としての持分の減少から生じた差額は，その持分減少によるのれんの取崩額を考慮して，損益として計上されます。

‥‥‥

❷❸ 被結合企業が関連会社であり，結合後企業が子会社または関連会社以外となる場合の会計処理（関連会社株式からその他有価証券）

　株式のみを受取対価として，関連会社（A社）を被結合企業とする企業結合において，被結合企業の株主（P社）が結合企業（X社）の株式を有しておらず，結合後企業がP社の子会社または関連会社以外となる場合について解説します。

【スキーム図】

組織再編前　　　　　　　　組織再編　　　　　　　　組織再編後

　このような株式のみを受取対価として，関連会社を被結合企業とする企業結合において，関連会社（A社）の株式が結合企業（X社）の株式のみと引き換えられ，被結合企業の株主（投資会社）の持分比率が減少し，結合後企業が被結合企業の株主の関連会社に該当しないこととなる場合には，以下のとおり会計処理します（事業分離会計基準41）。

(1)　被結合企業の株主である投資会社の個別財務諸表上の会計処理

　本ケースでは，被結合企業（A社）の株式は子会社または関連会社以外となる結合企業（X社）の株式，すなわちその他有価証券と引き換えられることから，子会社株式や関連会社株式と引き換えられる場合と異なり，移転した事業に関する投資は継続していないと考えられます。このため，投資会社（P社）は，個別財務諸表上，受け取った結合企業（X社）の株式を，その時価または

被結合企業（A社）の株式の時価のうち，より高い信頼性をもって測定可能な時価により計上し，引き換えられた被結合企業である関連会社（A社）に係る株式の適正な帳簿価額との差額を原則として交換損益として認識します（企業結合・事業分離適用指針278(1)）。

(2)　被結合企業である関連会社の個別財務諸表上の会計処理

　被結合企業である関連会社（A社）は，企業結合日の前日に決算を行い，資産および負債の適正な帳簿価額を算定します。

(3)　連結財務諸表上の会計処理

　結合後企業（X社）は被結合企業の株主の子会社または関連会社ではありませんが，他に子会社が存在する場合には，被結合企業の株主である投資会社（P社）は連結財務諸表を作成することになります。連結財務諸表上，投資会社（P社）の個別財務諸表において認識された交換損益について，被結合企業（A社）における取得後利益剰余金に係る調整が必要となるとともに，これまで持分法を適用していた被結合企業（A社）の株式は，個別貸借対照表上の帳簿価額をもって評価します（企業結合・事業分離適用指針278(2)）。

設例

前提条件

　X1年3月31日において，P社（3月決算）は，A社（3月決算）の株式の40％を保有し，関連会社としている。なお，連結財務諸表上，A社については，持分法適用開始時において生じたのれん4,000の未償却残高が1,600ある。さらに，A社の持分法適用開始時において諸資産および諸負債の時価と帳簿価額は一致していた。

　X1年3月31日（組織再編直前）における各社の貸借対照表は以下のとおりである。

P社貸借対照表

諸資産	151,000	諸負債	15,000
A社株式	44,000	資本金	100,000
		資本剰余金	20,000
		繰越利益剰余金	60,000

A社貸借対照表

諸資産^(※1)	175,000	諸負債^(※1)	90,000
土地^(※1)	65,000	資本金	95,000
		繰越利益剰余金^(※2)	45,000
		(うち，当期純利益)	(8,000)
		その他有価証券評価差額金	10,000

(※1) 土地のＸ１年３月31日における時価は70,000である。諸資産および諸負債のＸ１年３月31日における時価は帳簿価額と一致している。

(※2) 取得後利益剰余金は40,000である。

　Ｘ１年３月31日において，Ｘ社は，Ｘ社株式（時価195,000）を対価として，同社を吸収合併存続会社，Ａ社を吸収合併消滅会社とする吸収合併を実施した。

【スキーム図】

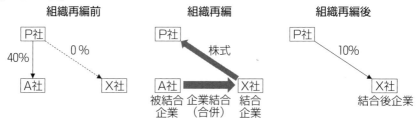

会計処理

(1)　P社（投資会社）の個別財務諸表上の会計処理

　P社は，個別財務諸表上，受け取った結合企業の株式をＡ社株式の時価より高い信頼性をもって測定可能であったＸ社株式の時価である195,000により計上し，引き換えられた被結合企業であるＡ社に係る株式の適正な帳簿価額44,000との差額を交換損益として認識します。

（借）	X 社 株 式 ^(※1)	195,000	（貸）	A 社 株 式	44,000
				交 換 損 益 ^(※2)	151,000

（※1）　交換時の時価。
（※2）　引き換えられたA社株式の適正な帳簿価額との差額。

(2)　A社（吸収合併消滅会社）の個別財務諸表上の会計処理

　A社は，企業結合日であるX1年3月31日の前日に決算を行い，資産および負債の適正な帳簿価額を算定します。そして，X社を結合企業とする企業結合により消滅します。

（借）	諸　　負　　債	90,000	（貸）	諸　　資　　産	175,000
	資　　本　　金	95,000		土　　　　　地	65,000
	利 益 剰 余 金	45,000			
	その他有価証券評価差額金	10,000			

(3)　P社の連結財務諸表上の会計処理

　P社は，他に子会社を有しているため，引き続き連結財務諸表を作成します。ただし，他の子会社の影響は度外視します。

　関連会社株式であるA社株式に関する開始仕訳は以下のとおりです。なお，支配獲得時ののれん4,000は償却期間5年，定額法により償却しているものとし，前年度末において2年が経過しているものとします。

（借）	A 社 株 式	15,200	（貸）	利 益 剰 余 金 ^(※1)	11,200
				その他有価証券評価差額金	4,000

（※1）　11,200 ＝ A社の前年度末の取得後利益剰余金32,000 × A社持分比率40％ −（支配獲得時ののれん4,000 ÷ 償却期間5年 × 経過年数2年）

　A社株式について持分法による投資損益を算定します。

（借）	A 社 株 式	3,200	（貸）	持分法による投資利益 ^(※1)	3,200

（※1）　3,200 ＝ A社の当期純利益8,000 × A社持分比率40％

(借)	持分法による^(※1) 投 資 利 益	800	(貸)	A 社 株 式	800

(※1)　800＝支配獲得時ののれん4,000÷償却期間5年

　A社はX社による企業結合により消滅しているため，A社株式に関する連結仕訳を振り戻します。

(借)	利 益 剰 余 金^(※1) その他有価証券^(※2) 評 価 差 額 金	13,600 4,000	(貸)	A 社 株 式	17,600

(※1)　13,600＝開始仕訳11,200＋持分法による投資利益2,400
(※2)　開始仕訳における計上額

　X社によるA社の企業結合によりP社の個別財務諸表において発生したA社株式の交換損益について，A社における取得後利益剰余金に係る調整を行います。具体的には，A社に対して持分法を適用していたことにより取り込まれていた利益剰余金のうち，減少した持分比率に相当する部分については交換損益の修正として調整し，残存する持分比率に相当する部分については持分法適用除外による利益剰余金の減少として処理します。

(借)	交 換 損 益^(※1) 持分法適用除外^(※2) に よ る 利 益 剰 余 金 減 少 高	10,200 3,400	(貸)	利 益 剰 余 金	13,600

(※1)　10,200＝A社株式に持分法適用により取り込んでいた取得後利益剰余金13,600×（減少持分比率30％÷企業結合前の持分比率40％）
(※2)　3,400＝A社株式に持分法適用により取り込んでいた取得後利益剰余金13,600×（残存持分比率10％÷企業結合前の持分比率40％）

【組織再編後の財務諸表】

P社貸借対照表

諸資産	151,000	諸負債	15,000
X社株式	195,000	資本金	100,000
		資本剰余金	20,000
		繰越利益剰余金	211,000

P社連結貸借対照表

諸資産	151,000	諸負債	15,000
X社株式	195,000	資本金	100,000
		資本剰余金	20,000
		繰越利益剰余金 [※1]	211,000

（※1）　211,000＝P社個社211,000＋連結調整0

| ポイント ▷ | ・・ |

　個別財務諸表上，関連会社である被結合企業が子会社または関連会社以外の結合企業と企業結合した場合，被結合企業の株主である投資会社は交換損益を認識します。連結財務諸表上は，関連会社株式の持分法適用開始日後の利益剰余金に係る調整がなされ，売却部分については交換損益の調整となり，残存持分に係る利益剰余金は株主資本等変動計算書により変動させます。

・・・

❷❹ 被結合企業が子会社または関連会社以外であり，結合後企業も子会社または関連会社以外となる場合の会計処理（その他有価証券からその他有価証券）

　株式のみを受取対価として子会社または関連会社以外（X 1 社）を被結合企業とする企業結合において，被結合企業の株主（P 社）が結合企業（X 2 社）の株式を有しておらず，結合後企業が P 社の子会社または関連会社以外となる場合について解説します。

【スキーム図】

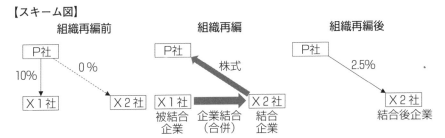

　このような株式のみを受取対価として子会社または関連会社以外を被結合企業とする企業結合において，子会社または関連会社以外の株式が結合企業の株式のみと引き換えられ，結合後企業が引き続き被結合企業の株主の子会社または関連会社以外になる場合には，以下のとおり会計処理します（事業分離会計基準43）。

　本ケースでは，子会社または関連会社以外の被結合企業（X 1 社）の株式であるその他有価証券が，子会社または関連会社以外となる結合企業（X 2 社）の株式であるその他有価証券という同一分類の金融商品と引き換えられることから，その投資の性格に変化がないとみて，投資は継続していると考えられます。このため，被結合企業の株式を保有していた会社（P 社）は，個別財務諸表上，受け取った結合企業（X 2 社）の株式を，引き換えられた被結合企業（X 1 社）の株式に係る企業結合直前の適正な帳簿価額により計上し，交換損

益は認識しません（企業結合・事業分離適用指針280）。

設例

前提条件

　X1年3月31日において，P社（3月決算）は，X1社（3月決算）の株式の10％を保有し，その他有価証券に分類している。

　X1年3月31日（組織再編直前）におけるP社の貸借対照表は以下のとおりである。

P社貸借対照表

諸資産	184,000	諸負債	15,000
X1社株式	11,000	資本金	100,000
		資本剰余金	20,000
		繰越利益剰余金	60,000

　X1年3月31日において，外部会社であるX2社は，X2社株式（時価195,000）を対価として，同社を吸収合併存続会社，X1社を吸収合併消滅会社とする吸収合併を実施した。

【スキーム図】

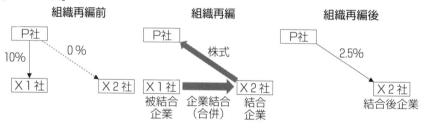

会計処理

　P社は，個別財務諸表上，受け取った結合企業の株式を引き換えられた被結合企業の株式の企業結合直前の適正な帳簿価額である11,000により計上し，交換損益は認識しません。

（借）X2社株式 ^(※1)	11,000	（貸）X1社株式	11,000

（※1）　X1社株式の適正な帳簿価額。

【組織再編後の財務諸表】

P社貸借対照表

諸資産	184,000	諸負債	15,000
X2社株式	11,000	資本金	100,000
		資本剰余金	20,000
		繰越利益剰余金	60,000

◁ ポイント ▷・・

　子会社または関連会社以外の投資先企業（被結合企業）が他の企業（結合企業）と企業結合したことにより，被結合企業の株式であるその他有価証券が結合企業株式であるその他有価証券に引き換えられた場合には，投資先の企業結合とは無関係に発生するその他有価証券同士の交換の場合において時価で計上され損益が認識されるケースとは異なり，被結合企業の株主は，受け入れた結合企業の株式を引き渡した被結合企業の適正な帳簿価額により計上し，交換損益は認識しません。

・・・

ケース　合併×株式のみを受取対価とする場合

❷❺ 被結合企業が関連会社であり，結合後企業が子会社となる場合の会計処理（関連会社株式から子会社株式）

　株式のみを受取対価として関連会社（A社）を被結合企業とする企業結合において，被結合企業の株主（P社）が結合企業（S社）の株式を有し子会社としており，結合後企業がP社の子会社となる場合について解説します。

【スキーム図】

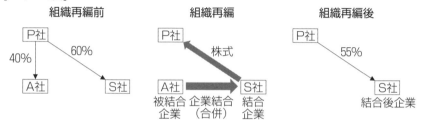

　このような株式のみを受取対価として関連会社を被結合企業とする企業結合において，関連会社の株式が結合企業の株式のみと引き換えられ，企業結合前に，被結合企業の株主（P社）が被結合企業（A社）の株式（関連会社株式）に加え，結合企業（S社）の株式（子会社株式）も有していることから，被結合企業の株主（親会社）としての持分比率が増加する（40%→55%）場合，以下のとおり会計処理します（事業分離会計基準42）。

(1)　被結合企業の株主である投資会社の個別財務諸表上の会計処理

　本ケースでは，被結合企業（A社）の株式は子会社である結合企業（S社）の株式と引き換えられることから，引き換えられた結合企業（S社）の株式を通じて投資がそのまま継続していると考えられます。そのため，親会社（P社）は，個別財務諸表上，受け取った結合企業（S社）の株式を引き換えられた被結合企業（A社）の株式に係る企業結合直前の適正な帳簿価額により計上し，交換損益は認識しません（企業結合・事業分離適用指針279(1)）。

(2) 被結合企業である関連会社の個別財務諸表上の会計処理

被結合企業である関連会社（A社）は，企業結合日の前日に決算を行い，資産および負債の適正な帳簿価額を算定します。

(3) 結合企業である子会社の個別財務諸表上の会計処理

本ケースは，結合企業である子会社（S社）による取得に該当することから，結合企業である子会社（S社）は，取得の対価である株式の時価により算定した取得原価を，被結合企業である関連会社（A社）から受け入れる資産および負債のうち企業結合日において識別可能なもの（識別可能資産および負債）に対して，その企業結合日における時価を基礎として配分し，取得原価と取得原価の配分額との差額はのれん（または負ののれん）として計上します（企業結合会計基準23，28，31，企業結合・事業分離適用指針36，51）。

(4) 連結財務諸表上の会計処理

結合後企業（S社）は被結合企業の株主（P社）の子会社となるため，被結合企業の株主である親会社（P社）は引き続き連結財務諸表を作成することになります。連結財務諸表上，結合後企業（S社）に係る被結合企業の株主としての持分の増加については，段階取得により関連会社が連結子会社になった場合における連結手続に準じて会計処理し，結合企業の株主としての持分の減少については，事業分離前に分離元企業が分離先企業の株式を保有していない場合において分離先企業が子会社となるときの分離元企業の会計処理に準じて行います（企業結合・事業分離適用指針279(2)，98(2)①）。

設例

（前提条件）

X1年3月31日において，P社（3月決算）は，A社（3月決算）の株式の40％を保有し，関連会社としている。また，P社は，S社（3月決算）の株式の60％を保有し，子会社としている。なお，連結財務諸表上，A社については持分法適用開始時において生じたのれん4,000の未償却残高が1,600あり，S社については設立時取得であることからのれんはない。さらに，A社およびS社

のいずれも，持分法適用開始時および支配獲得時において諸資産および諸負債の時価と帳簿価額は一致していた。

X1年3月31日（組織再編直前）における各社の貸借対照表は以下のとおりである。

P社貸借対照表

諸資産	121,000	諸負債	15,000
A社株式	44,000	資本金	100,000
S社株式	30,000	資本剰余金	20,000
		繰越利益剰余金	60,000

A社貸借対照表

諸資産(※1)	175,000	諸負債(※1)	90,000
土地(※1)	65,000	資本金	95,000
		繰越利益剰余金(※2)	45,000
		（うち，当期純利益）	(8,000)
		その他有価証券評価差額金	10,000

（※1）　土地のX1年3月31日における時価は70,000である。諸資産および諸負債のX1年3月31日における時価は帳簿価額と一致している。

（※2）　取得後利益剰余金は40,000である。

S社貸借対照表

諸資産(※1)	300,000	諸負債(※1)	25,000
		資本金	50,000
		繰越利益剰余金	225,000
		（うち，当期純利益）	(30,000)

（※1）　諸資産および諸負債のX1年3月31日における時価は帳簿価額と一致している。

X1年3月31日において，S社は，S社株式（時価195,000）を対価として，同社を吸収合併存続会社，A社を吸収合併消滅会社とする吸収合併を実施した。なお，増加すべき株主資本はすべて資本剰余金とする。

【スキーム図】

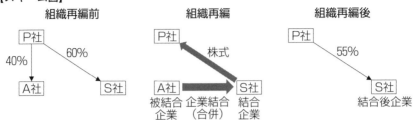

組織再編前　　　　　組織再編　　　　　組織再編後

吸収合併直前におけるA社の時価は195,000であり，S社の時価は585,000である。

（会計処理）

(1)　P社の個別財務諸表上の会計処理

　P社は，個別財務諸表上，受け取った結合企業の株式を，引き換えられた被結合企業の株式の企業結合直前の適正な帳簿価額である44,000により計上し，交換損益は認識しません。

（借）　S　社　株　式^(※1)	44,000	（貸）　A　社　株　式	44,000

（※1）　A社株式の適正な帳簿価額。

(2)　A社（吸収合併消滅会社）の個別財務諸表上の会計処理

　A社は，企業結合日であるX1年3月31日の前日に決算を行い，資産および負債の適正な帳簿価額を算定します。そして，S社を結合企業とする企業結合により消滅します。

（借）　諸　　負　　債	90,000	（貸）　諸　　資　　産	175,000
資　　本　　金	95,000	土　　　　地	65,000
利 益 剰 余 金	45,000		
その他有価証券	10,000		
評 価 差 額 金			

(3)　S社（吸収合併存続会社）の個別財務諸表上の会計処理

　S社は，発行した株式の時価により算定した取得原価195,000を，A社から受け入れる資産および負債のうち企業結合日であるX1年3月31日における識

別可能なものに対して，企業結合日における時価を基礎として配分し，取得原価195,000と取得原価の配分額の差額をのれん（または負ののれん）として計上します。

（借）	諸　　資　　産 [※1]	175,000	（貸）	諸　　負　　債 [※1]	90,000
	土　　　　地 [※1]	70,000		資 本 剰 余 金	195,000
	の　　れ　　ん [※2]	40,000			

（※1）　企業結合日における時価。
（※2）　貸借差額。

(4)　P社の連結財務諸表上の会計処理

　P社は，結合後企業であるS社を55％子会社とするため，引き続き連結財務諸表を作成します。

①　A社に関する処理

　関連会社株式であるA社株式に関する開始仕訳は以下のとおりです。なお，持分法適用開始時ののれん4,000は償却期間5年，定額法により償却しているものとし，前年度末において2年が経過しているものとします。

（借）	A　社　株　式	15,200	（貸）	利 益 剰 余 金 [※1]	11,200
				その他有価証券 評 価 差 額 金	4,000

（※1）　11,200＝A社の前年度末の取得後利益剰余金32,000 [※2] ×A社持分比率40％－（支配獲得時ののれん4,000÷償却期間5年×経過年数2年）
（※2）　組織再編直前のA社の取得後利益剰余金40,000－A社の当期純利益8,000

　A社株式について持分法による投資損益を算定します。

（借）	A　社　株　式	3,200	（貸）	持 分 法 に よ る [※1] 投　資　利　益	3,200

（※1）　3,200＝A社の当期純利益8,000×A社持分比率40％

（借）	持 分 法 に よ る [※1] 投　資　利　益	800	（貸）	A　社　株　式	800

（※1）　800＝支配獲得時ののれん4,000÷償却期間5年

　A社はS社による企業結合により消滅しているため，A社株式の残高をS社株式に振り替えます。同時に，A社株式について認識していたその他有価証券評価差額金を取り崩します。

（借）S　社　株　式	13,600	（貸）A　社　株　式^{（※1）}	17,600
その他有価証券^{（※2）}評　価　差　額　金	4,000		

（※1）　17,600＝開始仕訳15,200＋持分法による投資利益2,400
（※2）　企業結合直前においてA社に対して持分法を適用していたことにより認識していたその他有価証券評価差額金4,000（＝10,000×40％）。

　段階取得に準じた会計処理に係る調整を行います。

（借）S　社　株　式	20,400	（貸）段 階 取 得 に^{（※1）}係 る 差 損 益	20,400

（※1）　20,400＝追加投資に相当する額78,000^{（※2）}－（A社株式の持分法による評価額61,600^{（※3）}－引き継がれないその他有価証券評価差額金相当分4,000）
（※2）　78,000＝S社時価195,000×企業結合直前のA社持分比率40％
（※3）　61,600＝企業結合直前のA社株式の簿価44,000＋持分法適用による調整額17,600

　次に，事業分離前に分離元企業が分離先企業の株式を保有していない場合において分離先企業が子会社となるときの分離元企業の会計処理として，具体的には，結合企業としての持分比率の減少について，子会社の時価発行増資等により親会社の持分比率が減少する場合の会計処理に準じた処理を行います。
　株主割当増資を受けた場合に準じて，合併による新株交付に係る消去を行います。

（借）資 本 剰 余 金^{（※1）}	195,000	（貸）S　社　株　式^{（※2）}	117,000
		非支配株主持分^{（※3）}	78,000

（※1）　S社によるA社の合併時の増加資本額195,000
（※2）　117,000＝合併による増加資本額195,000（※1）×企業結合直前のS社持分比率60％
（※3）　78,000＝合併による増加資本額195,000（※1）×企業結合直前のS社の非支配株主持分比率40％

　減少する持分比率に相当する一部売却を行ったとみなし，非支配株主へのみなし一部売却の処理を行います。

```
(借) S 社 株 式 (※1)        39,000  (貸) 非支配株主持分 (※2)    23,500
                                   資 本 剰 余 金 (※3)      15,500
```

（※1） 39,000 = 117,000 (※4) − 追加投資したとみなされる額78,000 (※5)
（※2） 23,500 = 企業結合後S社純資産額470,000 (※6) × 減少した持分比率5％
（※3） 15,500 =（S社の時価585,000 − S社の株主資本簿価275,000）× 減少した持分比率
　　　 5％
（※4） 117,000 = 合併による増加資本額195,000 × 企業結合直前のS社持分比率60％
（※5） 78,000 = S社時価195,000 × 企業結合直前のA社持分比率40％
（※6） 470,000 = 企業結合前のS社純資産額275,000 + 合併による増加資本額195,000

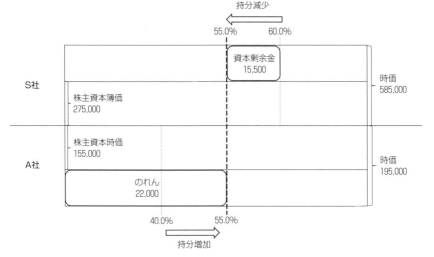

　S社において計上されているのれんには非支配株主に帰属する部分も含まれ
ているため，当該部分を非支配株主持分へと振り替えます。これは，A社の持
分取得はあくまでも55％であり，経済的実態として55％しか買い入れていない
という考え方によるものです。なお，S社が取得した事業（のれんを含む）に
ついて持分を有するものととらえ，S社において計上されているのれんをその
まま計上するとする考え方もあります。

```
(借) 非支配株主持分 (※1)     18,000  (貸) の れ ん            18,000
```

（※1） 18,000 = S社個別財務諸表上ののれん40,000 × A社の非支配株主持分比率45％

② S社に関する処理

子会社株式であるS社株式に関する開始仕訳は以下のとおりです。

（借）	資　本　金	50,000	（貸）	Ｓ　社　株　式	30,000
				非支配株主持分 ^(※1)	20,000
（借）	利 益 剰 余 金	78,000	（貸）	非支配株主持分 ^(※2)	78,000

（※1）　20,000＝Ｓ社の取得時純資産50,000×Ｓ社の非支配株主持分比率40％
（※2）　78,000＝Ｓ社の取得後利益剰余金195,000×Ｓ社の非支配株主持分比率40％

Ｓ社の非支配株主に帰属する当期純利益を按分します。

（借）	非支配株主に帰属 ^(※1) する当期純利益	12,000	（貸）	非支配株主持分	12,000

（※1）　12,000＝Ｓ社の当期純利益30,000×Ｓ社の非支配株主持分比率40％

【組織再編後の財務諸表】

Ｐ社貸借対照表

諸資産	121,000	諸負債	15,000
Ｓ社株式	74,000	資本金	100,000
		資本剰余金	20,000
		繰越利益剰余金	60,000

Ｓ社貸借対照表

諸資産	475,000	諸負債	115,000
土地	70,000	資本金	50,000
のれん	40,000	資本剰余金	195,000
		繰越利益剰余金	225,000

Ｐ社連結貸借対照表

諸資産	596,000	諸負債	130,000
土地	70,000	資本金	100,000
のれん	22,000	資本剰余金	35,500
		繰越利益剰余金 ^(※1)	229,000
		非支配株主持分	193,500

（※1）　229,000＝Ｐ社個社60,000＋Ｓ社個社225,000＋連結調整△56,000 ^(※2)
（※2）　△56,000＝Ａ社開始仕訳11,200＋Ａ社持分法2,400＋Ｓ社取得後利益剰余金のうち非
　　　　支配株主帰属分△90,000＋段階取得に係る差損益20,400

ポイント

連結財務諸表上，関連会社である被結合企業と子会社である結合企業とが企業結合したことにより，被結合企業の株主としての持分は増加し，結合企業の株主としての持分が減少した結果，結合後企業が子会社となる場合には，段階取得に係る処理と支配が継続する場合の非支配株主との取引に係る処理が必要となります。

❷❻ 被結合企業が子会社または関連会社以外であり，結合後企業が関連会社となる場合の会計処理（その他有価証券から関連会社株式）

　株式のみを受取対価として子会社または関連会社以外（X社）を被結合企業とする企業結合において，被結合企業の株主（P社）が結合企業（A社）の株式を有し関連会社としており，結合後企業がP社の関連会社となる場合について解説します。

【スキーム図】

　このような株式のみを受取対価として子会社または関連会社以外を被結合企業とする企業結合において，子会社または関連会社以外の株式が結合企業の株式のみと引き換えられ，結合後企業が被結合企業の株主の関連会社となる場合，以下のとおり会計処理します（事業分離会計基準44）。

(1)　被結合企業の株主である投資会社の個別財務諸表上の会計処理

　本ケースでは，被結合企業（X社）の株式は関連会社である結合企業（A社）の株式と引き換えられることから，引き換えられた結合企業（A社）の株式を通じて投資がそのまま継続していると考えられます。そのため，投資会社（P社）は個別財務諸表上，交換損益は認識せず，被結合企業の株主（P社）が受け取った結合企業（A社）の株式の取得原価は引き換えられた被結合企業（X社）の株式（その他有価証券）に係る企業結合日直前の適正な帳簿価額に

基づいて算定します（企業結合・事業分離適用指針281(1)）。

⑵　結合企業である関連会社の個別財務諸表上の会計処理

　本ケースは，結合企業である関連会社（A社）による取得に該当することから，結合企業である関連会社（A社）は，取得の対価である株式の時価により算定した取得原価を，被結合企業である子会社または関連会社以外の会社（X社）から受け入れる資産および負債のうち企業結合日において識別可能なもの（識別可能資産および負債）に対して，その企業結合日における時価を基礎として配分し，取得原価と取得原価の配分額との差額はのれん（または負ののれん）として計上します（企業結合会計基準23，28，31，企業結合・事業分離適用指針36，51）。

⑶　連結財務諸表上の会計処理

　結合後企業は被結合企業の株主の関連会社となりますが，他に子会社が存在する場合には，被結合企業の株主である投資会社は連結財務諸表を作成することになります。連結財務諸表上，結合後企業に係る被結合企業の株主としての持分の増加については段階取得による持分法の適用に準じて会計処理し，結合企業の株主としての持分の減少については関連会社の時価発行増資等における投資会社の会計処理に準じて行います（企業結合・事業分離適用指針281(2)）。

設例

前提条件

　X 1 年 3 月31日において，P社（3 月決算）は，X社（3 月決算）の株式の10％を保有し，その他有価証券に分類している。また，P社は，A社（3 月決算）の株式の30％を保有し，関連会社としている。

　X 1 年 3 月31日（組織再編直前）におけるP社の貸借対照表は以下のとおりである。

P社貸借対照表

諸資産	169,000	諸負債	15,000
X社株式	11,000	資本金	100,000
A社株式	15,000	資本剰余金	20,000
		繰越利益剰余金	60,000

X社貸借対照表

諸資産(※1)	175,000	諸負債(※1)	90,000
土地(※1)	65,000	資本金	95,000
		繰越利益剰余金(※2)	45,000
		(うち, 当期純利益)	(8,000)
		その他有価証券評価差額金	10,000

（※1） 土地のX1年3月31日における時価は70,000である。諸資産および諸負債のX1年
3月31日における時価は帳簿価額と一致している。
（※2） X社株式を取得した後に稼得した利益剰余金は40,000である。

A社貸借対照表

諸資産(※1)	300,000	諸負債(※1)	25,000
		資本金	50,000
		繰越利益剰余金	225,000
		(うち, 当期純利益)	(30,000)

（※1） 諸資産および諸負債のX1年3月31日における時価は帳簿価額と一致している。

　X1年3月31日において，A社は，A社株式（時価195,000）を対価として，同社を吸収合併存続会社，X社を吸収合併消滅会社とする吸収合併を実施した。なお，増加すべき株主資本はすべて資本剰余金とする。また，X社株式の段階的な取得による持分法の適用については，当該X社の資産および負債を株式の取得日ごとに当該日の時価で評価する方法（原則法）による処理結果と著しい相違がないため，持分法適用開始日における時価を基準としてX社の資産および負債のうち投資会社の持分に相当する部分を一括して評価する方法（簡便法）によることとする（持分法実務指針6-2, 6-3）。

【スキーム図】

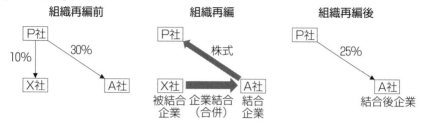

【会計処理】

(1)　P社の個別財務諸表上の会計処理

　P社は，個別財務諸表上，受け取った結合企業の株式を，引き換えられた被結合企業の株式の企業結合直前の適正な帳簿価額である11,000により計上し，交換損益は認識しません。

| (借) | A 社 株 式 (※1) | 11,000 | (貸) | X 社 株 式 | 11,000 |

（※1）　X社株式の適正な帳簿価額。

(2)　A社（吸収合併存続会社）の個別財務諸表上の会計処理

　A社は，発行した株式の時価により算定した取得原価195,000を，X社から受け入れる資産および負債のうち企業結合日であるX1年3月31日における識別可能なものに対して，企業結合日における時価を基礎として配分し，取得原価195,000と取得原価の配分額の差額を，のれん（または負ののれん）として計上します。

(借)	諸 資 産	175,000	(貸)	諸 負 債	90,000
	土 地 (※1)	70,000		資 本 剰 余 金	195,000
	の れ ん (※2)	40,000			

（※1）　企業結合日における時価。
（※2）　貸借差額。

(3)　P社の連結財務諸表上の会計処理

　P社は，他に子会社を有しているため，引き続き連結財務諸表を作成します。ただし，当該他の子会社の影響は度外視します。

　関連会社株式であるA社株式に関する持分法適用仕訳の開始仕訳は以下のと

198

おりです。

| （借）　Ａ　社　株　式 [※1] | 58,500 | （貸）　利　益　剰　余　金 | 58,500 |

（※1）　58,500＝Ａ社の取得後利益剰余金195,000×Ａ社持分比率30％

　Ａ社の当期純利益に基づき持分法による投資損益を計上します。

| （借）　Ａ　社　株　式 [※1] | 9,000 | （貸）　持　分　法　に　よ　る　投　資　利　益 | 9,000 |

（※1）　9,000＝Ａ社の当期純利益30,000×Ａ社持分比率30％

　Ａ社株式に係る持分減少による持分変動差額に修正します。

| （借）　Ａ　社　株　式 [※1] | 15,500 | （貸）　持　分　変　動　差　額 | 15,500 |

（※1）　15,500＝（Ａ社時価585,000－Ａ社株主資本簿価275,000）×減少持分比率5％

　Ｘ社株式の段階的な取得による持分法適用において，Ｘ社の資産および負債の評価は簡便法により処理することを選択しています。そのため，従来のＸ社株式（Ａ社株式）の持分についてＡ社に投資した額11,000 [※1] および追加取得したＸ社株式（Ａ社株式）の持分についてＡ社に投資したとみなされる額29,250 [※2] の合計額40,250とこれに対応するＡ社の純資産の時価38,750 [※3] との差額として認識されるのれん1,500は持分法投資に含めて処理します。

（※1）　Ｘ社株式の簿価。
（※2）　29,250＝Ｘ社の時価195,000×増加した持分比率15％
（※3）　38,750＝（Ｘ社の純資産簿価150,000＋資産負債に係る評価差額5,000）×増加後の持分比率25％

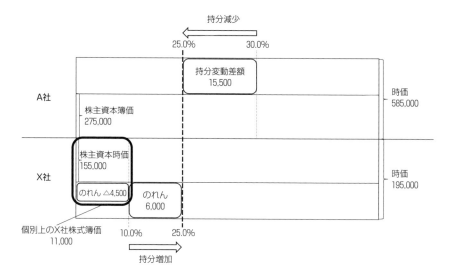

【組織再編後の財務諸表】

P社貸借対照表

諸資産	169,000	諸負債	15,000
A社株式	26,000	資本金	100,000
		資本剰余金	20,000
		繰越利益剰余金	60,000

A社貸借対照表

諸資産	475,000	諸負債	115,000
土地	70,000	資本金	50,000
のれん	40,000	資本剰余金	195,000
		繰越利益剰余金	225,000
		（うち，当期純利益）	(30,000)

P社連結貸借対照表

諸資産	169,000	諸負債	15,000
A社株式	109,000	資本金	100,000
		資本剰余金	20,000
		繰越利益剰余金 [※1]	143,000

（※1）　143,000＝Ｐ社個社60,000＋連結調整83,000 (※2)
（※2）　83,000＝Ａ社開始仕訳58,500＋Ａ社持分法投資利益9,000＋持分変動差額15,500

| ポイント |

　子会社または関連会社以外の投資先企業（被結合企業）が他の企業（結合企業）と企業結合したことにより，被結合企業の株式であるその他有価証券が結合企業の株式である関連会社株式に引き換えられた場合には，関連会社株式については段階取得による持分法適用会社株式の取得として処理します。

ケース　株式譲渡

㉗　現物配当による完全子会社のスピンオフ

　スピンオフとは，自社の特定の事業部門または子会社を切り出し，自社から独立させることをいいます。完全子会社をスピンオフする場合，完全親会社が完全子会社株式を完全親会社の株主に現物配当することにより実施し，株式分配型スピンオフと呼ばれます。ここで，現物配当とは，株式会社が剰余金の配当の際に株主に対して金銭以外の資産を交付することをいいます（会454 I ①）。

　税務上，完全子会社株式のすべてを移転するなどの適格要件を満たす場合には，完全親会社が完全子会社株式を分配する際に発生する譲渡損益に対する課税が繰り延べられ（法法61の2 Ⅷ），完全子会社株式を受け取る完全親会社の株主に対する（みなし）配当課税も対象外となる（法法2 （12の15の3 ））点で，子会社株式の売却による手法と比べて税務面のメリットがあります。

　会計処理面では，子会社株式を受領する完全親会社の株主から見れば，もともと完全親会社を通して間接投資していた子会社株式が直接投資に切り替わっており，保有していた完全親会社株式の一部がその子会社株式に引き換えられたものとして会計処理を行います（企業結合・事業分離適用指針297）。

　この際，これまで保有していた完全親会社株式のうち実質的に引き換えられたものとみなされる額は，完全親会社の株主が保有する親会社株式の適正な帳簿価額を，以下の3つの方法から実態に応じて按分します（企業結合・事業分離適用指針295）。

(1)　関連する時価の比率で按分する方法
分割された移転事業に係る株主資本相当額の時価と会社分割直前の吸収分割会社等の株主資本の時価との比率により，吸収分割会社等の株式の適正な帳簿価額を按分する方法。

(2)　時価総額の比率で按分する方法
会社分割直前直後の吸収分割会社等の時価総額の増減額を分割された事業の時価とみなし，会社分割直前の吸収分割会社等の時価総額との比率により，吸収分割会社等の株式の適正な帳簿価額を按分する方法。

> **(3) 関連する帳簿価額（連結財務諸表上の帳簿価額を含む）の比率で按分する方法**
>
> 分割された移転事業に係る株主資本相当額の適正な帳簿価額と会社分割直前の吸収分割会社等の株主資本の適正な帳簿価額との比率により，吸収分割会社等の株式の適正な帳簿価額を按分する方法。

設例

（前提条件）

X1年4月1日において，P社（3月決算）は，100％子会社であるS社の株式を株主であるPS社にすべて分配することを決議し，同日に株式を分配した。PS社におけるP社株式の簿価は1,000，P社におけるS社株式の簿価は500，P社の株主資本相当額は10,000，S社の株主資本相当額は2,000であり，関連する帳簿価額の比率（企業結合・事業分離適用指針295(3)）によりS社株式の取得原価を算定する。

【スキーム図】

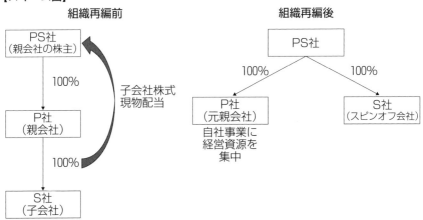

会計処理

(1)　PS社の会計処理

（現物配当受領時）

（借）　S　社　株　式^{（※1）}	166	（貸）　P　社　株　式	166

（※1）　P社株式簿価1,000×S社の株主資本相当額2,000÷（P社の株主資本相当額10,000＋S社の株主資本相当額2000）

(2)　P社の会計処理

（現物配当時）

（借）　支　払　配　当　金^{（※1）}	500	（貸）　S　社　株　式	500

（※1）　S社株式の帳簿価額を払い出し，その他資本剰余金または繰越利益剰余金を減額させる（自己株式等会計適用指針10(3)）。

ポイント

　親会社が現物配当により孫会社株式を受け取る場合，子会社株式の簿価には孫会社の価値が含まれているため，両社の価値を合理的に算定して，孫会社株式相当額を測定し，計上しなければなりません。

ケース　株式交換

❷❽ 株式交換による非支配株主の排除

　グループの組織再編を進めるにあたって，例えばノンコア事業を営む子会社を売却しやすくするために，売却対象会社の非支配株主を排して資本関係を整理することを目的としたグループ内の組織再編が行われることがあります。

　子会社に外部株主がいるような場合，親会社とは異なる株主が存在することにより，株主の管理業務が生じるだけではなく，子会社においても役員の選任をはじめとした会社法上の重要事項の決定にあたり株主意思を統一しなければならないなど，非支配株主への対応が必要となります。また，子会社を他社に売却する際においても，非支配株主の存在が買収先から敬遠されることも想定されます。

　そこで，親会社が子会社の非支配株主と株式交換を行うことによって，子会社の非支配株主を親会社の株主群に合流させることを通じて株主群の利害を一致させ，株主管理の手間を取り除き，次のステップとして子会社売却などのアクションがとりやすい状況にすることが考えられます。

　親会社による子会社の株式交換に係る会計処理については，非支配株主から子会社株式を追加取得しているものとして，以下のように行われます。

(1)　個別財務諸表における会計処理

　追加取得する子会社株式の取得原価は，非支配株主に交付した親会社株式の時価に付随費用を加算したものを計上します（企業結合・事業分離適用指針236(1)）。また，株式交換により増加する完全親会社の資本は，払込資本（資本金または資本剰余金）として処理し，その内訳項目（資本金，資本準備金またはその他資本剰余金）は，会社法の規定に基づき決定します（企業結合・事業分離適用指針236(2)）。

⑵　連結財務諸表における会計処理

　追加取得した子会社株式の取得原価と追加取得により減少する非支配株主持分との差額を資本剰余金に計上します（企業結合・事業分離適用指針237）。

設例

前提条件

　上場会社であるP社は，子会社であるS社を有しており，P社持株比率は80％である。P社は，S社非支配株主と株式交換を行った。株式交換日において，P社はS社株主群に対して普通株式500株を発行した。株式交換日におけるP社株式の株価は@1であり，増資金額の全額を資本金に組み入れている。なお，株式交換にあたり付随費用は発生していない。

　P社およびS社の株式交換日直前の貸借対照表は以下のとおりである。

P社貸借対照表

諸資産	10,000	諸負債	5,000
S社株式	800	資本金	1,500
		資本剰余金	500
		繰越利益剰余金	3,800

（注）　P社はS社を出資設立しており，簿価は当時の出資額に基づいている。

S社貸借対照表

諸資産	1,500	諸負債	400
		資本金	1,000
		繰越利益剰余金	100

【スキーム図】

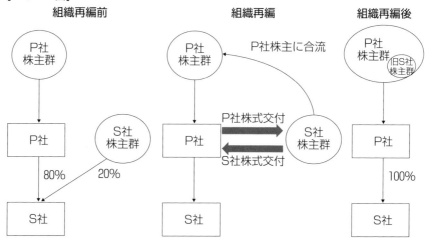

（会計処理）

　P社の会計処理は以下のようになります。

(1) 個別財務諸表上の会計処理

（株式交換時）

| （借） S 社 株 式 ^(※1) | 500 | （貸） 資 本 金 | 500 |

（※1）　株式交換日において交付したP社株式の時価（株価@1×S社非支配株主に交付した株式数500株）

(2) 連結財務諸表上の会計処理

（開始仕訳）

| （借） 資 本 金 | 1,000 | （貸） S 社 株 式 | 800 |
| 利 益 剰 余 金 ^(※1) 期 首 残 高 | 20 | 非支配株主持分 ^(※2) | 220 |

（※1）　S社繰越利益剰余金100×非支配株主持分比率20%
（※2）　（S社資本金1,000＋S社繰越利益剰余金100）×非支配株主持分比率20%

（株式交換（追加取得））

| （借） | 非支配株主持分 [※1] | 220 | （貸） | S 社 株 式 | 500 |
| | 資 本 剰 余 金 [※2] | 280 | | | |

（※1）　（S社資本金1,000＋S社繰越利益剰余金100）×非支配株主持分比率の減少20％
（※2）　追加取得した子会社株式の取得原価と減少する非支配株主持分との差額を資本剰余金として処理する。

株式交換後P社連結貸借対照表

諸資産	11,500	諸負債	5,400
		資本金	2,000
		資本剰余金	220
		繰越利益剰余金	3,880

ポイント

　株式交換により非支配株主から子会社株式を追加取得していることから，連結上は持分変動の会計処理を行うことに注意が必要です。

ケース　株式交換

❷ グループ外企業との株式交換による子会社の非連結化

　例えば，自社の有する子会社を他社の完全子会社とする場合においては，自社の有する子会社株式と外部の会社が有する子会社株式を交換し，自社のグループから分離させることがあります。株式交換の結果，自社が取得した株式の持分比率を過半数未満とする場合には，連結範囲から除外される形で，グループから分離されることになります。

　株式交換は，企業結合会計基準等において被結合企業の株主としての会計処理を行うこととされ（事業分離会計基準38），受取対価の種類や被結合企業との関係に基づき会計処理が定められています。株式交換により子会社を分離させる場合には，受取対価は，通常，株式交換完全親会社株式となることから，下表のように分類されます。

【子会社を被結合企業とする株式交換を行う場合に必要な会計処理】

結合前	結合後	会計処理 (注)	
		個　別	連　結
子会社	子会社	従来の子会社株式の株式交換日直前の適正な帳簿価額に基づいて結合後企業の株式を計上する（企業結合・事業分離適用指針273(1)）。	・取得した会社に係る株主持分の増加額と，分離した会社に係る株主持分の減少との間に生じる差額を資本剰余金に計上する（企業結合・事業分離適用指針273(2)）。 ・パーチェス法を適用する（企業結合・事業分離適用指針273(2)なお書き）。
	関連会社	子会社株式から関連会社株式に帳簿価額で振り替える（企業結合・事業分離適用指針275(1)）。	・取得した会社に係る株主持分の増加額と，分離した会社に係る株主持分の減少との間に生じる差額をのれんと持分変動損益に区分して処理する（企業結合・事業分離適用指針275(2)

			①②）。 • 連結から持分法へ修正する（企業結合・事業分離適用指針275(2)）。
	上記以外	その他有価証券に時価で振り替え，交換損益を認識する（企業結合・事業分離適用指針276(1)）。	連結除外し，個別上の帳簿価額で評価する（企業結合・事業分離適用指針276(2)）。

（注）結合企業は外部の第三者とする。

設例

前提条件

　P社は，100％子会社であるS社を有している。P社は，外部のQ社と株式交換を行い，P社が有するS社を株式交換完全子会社，Q社子会社のR社を株式交換完全親会社とし，株式交換対価としてR社株式（時価3,000）を取得し，P社はR社の発行済株式総数の20％を保有し，R社を関連会社とした。

　S社およびR社の株式交換日直前の貸借対照表は以下のとおりである。

S社貸借対照表

諸資産	1,700	諸負債	300
		資本金	1,000
		繰越利益剰余金	400

（注1）　P社はS社を設立および出資しており，P社におけるS社株式簿価は1,000である。
（注2）　S社の繰越利益剰余金はすべてP社取得後に生じたものである。
（注3）　S社株式の時価は3,000である。

R社貸借対照表

諸資産	10,300	諸負債	500
土地	200	資本金	7,000
		繰越利益剰余金	3,000

（注1）土地の時価は500である。
（注2）R社株式の時価は12,000である。

【スキーム図】

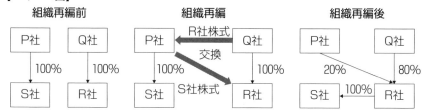

(会計処理)

P社の会計処理は以下のようになります。

(1) 個別財務諸表上の会計処理

(株式交換時)

(借) 関連会社株式(R社) [※1]	1,000	(貸) 子会社株式(S社)	1,000

(※1) 子会社株式から関連会社株式に帳簿価額で振り替える（企業結合・事業分離適用指針275(1)）。

(2) 連結財務諸表上の会計処理

(開始仕訳)

(借) 資 本 金	1,000	(貸) 子会社株式(S社)	1,000

(開始仕訳の振り戻し)

(借) 子会社株式(S社)	1,000	(貸) 資 本 金	1,000

(連結除外)

(借) 諸 負 債	300	(貸) 諸 資 産	1,700
資 本 金	1,000		
利 益 剰 余 金	400		

（持分変動）

（借）　関連会社株式（S社）	1,280	（貸）　持　分　変　動　損　益 [※1]	1,280

（※1）　分離元企業の事業が移転されたとみなされる額2,400①－移転した事業にかかる分離元企業の持分の減少額1,120②=1,280
　　　①　S社株式の時価3,000×持分減少割合80％
　　　②　S社株主資本簿価1,400×持分減少割合80％

（のれんの計上）

仕訳なし [※1]。

（※1）　持分法適用会社の場合，のれんは投資簿価に含まれるため，会計処理は生じない。
　　　のれん相当額は，分離先企業に対して投資したとみなされる額2,400①－分離元企業の持分増加額2,060②=340と算定される。
　　　①　R社株式の時価12,000×持分取得割合20％
　　　②　R社時価純資産10,300（簿価純資産10,000＋土地評価差額300）×持分取得割合20％

（持分法適用に伴う過年度稼得利益剰余金の振替）

（借）　関連会社株式（R社） [※1]	400	（貸）　利　益　剰　余　金	400

（※1）　P社によるS社の支配獲得後に稼得された利益剰余金を持分法適用時に関連会社株式簿価に加算する（資本連結実務指針45）。

　上記仕訳の結果，関連会社株式簿価合計は2,680となり，内訳はS社簿価純資産の持分見合額280①，R社時価純資産の持分見合額2,060②，のれん相当額340③から構成されています。
　　①　S社簿価純資産×持分取得割合20％
　　②　（R社簿価純資産10,000＋土地評価差額300）×持分取得割合20％
　　③　上記（のれんの計上）参照
　なお，P社によるR社への持分法適用にあたって，P社によるS社への投資は継続していることから，R社がS社を取得する際におけるS社の資産および負債に係る時価評価仕訳を戻すとともに，R社の資産および負債に係る時価評価仕訳を追加する必要があります。

> **ポイント**
>
> 　株式交換により子会社の持分比率が減少し，引き続き子会社となる場合または関連会社となる場合には，連結上は子会社の持分売却と，他社持分の取得に分けて会計処理を行う必要があります。

ケース　合併

❸⓪ 合併による非支配株主の排除

　グループの組織再編を進めるにあたって，例えばコア事業である子会社に非支配株主が存在することにより株主意思の統一に時間を要し，経営のスピードが削がれるため，子会社の非支配株主を排して資本関係を整理することを目的としたグループ内での合併が行われることがあります。

　会社に外部株主がいる場合，親会社とは異なる株主が存在することにより，子会社においても役員の選任など会社法上の重要事項の決定にあたり株主意思を統一しなければならないなど，さまざまな対応が必要となります。

　そこで，例えば，ある事業のみを営む子会社とその事業を一部だけ営んでいる親会社がある場合に，非支配株主が存在する子会社を親会社が吸収合併し，非支配株主を親会社の株主群に合流させることで，株主の利害を一致させることができます。そして，次のステップとして，経営資源の集中化による経営効率の向上や間接部門の統合によるコストダウンを図ることも可能となります。

　親会社による子会社の吸収合併に係る会計処理については，非支配株主から子会社株式を追加取得しているものとして，親会社持分と非支配株主持分に分けて処理します。

(1)　親会社持分

　親会社が合併直前に保有していた子会社株式と受け入れた株主資本（親会社持分見合）との差額を抱合せ株式消滅差損益（特別損益）とします（企業結合・事業分離適用指針206(2)①ア）。

(2)　非支配株主持分

　受け入れた株主資本（非支配株主持分見合い）と，取得の対価として発行した親会社株式の時価との差額をその他資本剰余金とします（企業結合・事業分離適用指針206(2)①イ）。

　個別財務諸表上，追加取得した子会社株式の取得原価は，追加取得時におけ

る当該株式の時価とその対価となる財の時価のうち，より高い信頼性をもって
測定可能な時価で算定します（企業結合・事業分離適用指針38）。

設例

（前提条件）

　上場会社であるP社は，子会社であるS社を有しており，P社持株比率は
80％である。P社はS社を吸収合併した。合併期日において，P社はS社株主
群に対して普通株式500株を発行した。合併期日におけるP社株式の株価は@
1であり，増資金額の全額を資本金に組み入れている。

　P社およびS社の合併日直前の貸借対照表は以下のとおりである。

P社貸借対照表

諸資産	10,000	諸負債	5,000
S社株式	800	資本金	1,500
		資本剰余金	500
		繰越利益剰余金	3,800

S社貸借対照表

諸資産	1,500	諸負債	400
		資本金	1,000
		繰越利益剰余金	100

（注）　S社の資産および負債の帳簿価額は連結財務諸表上の帳簿価額と一致している。

【スキーム図】

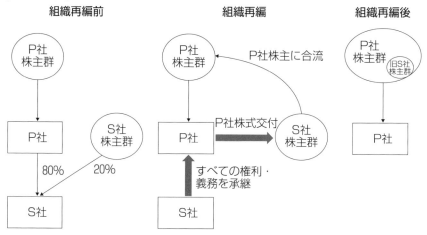

組織再編前　　　　　　　　　組織再編　　　　　　組織再編後

会計処理

　合併時のＰ社の個別財務諸表上の会計処理は以下のようになります。

（親会社持分（80％））

（借）諸　資　産	1,200	（貸）諸　負　債	320
		Ｓ　社　株　式	800
		抱合せ株式消滅差益 ^{（※1）}	80

（※1）　受け入れる諸資産および諸負債の親会社持分と消滅する子会社株式との差額を抱合せ株式消滅差損益とする。

（非支配株主持分（20％））

| （借）諸　資　産 | 300 | （貸）諸　負　債 | 80 |
| 資本剰余金 ^{（※2）} | 280 | 資　本　金 ^{（※1）} | 500 |

（※1）　合併期日において発行したＰ社株式の時価（株価＠1×Ｓ社非支配株主に発行した株式数500株）
（※2）　差額。

合併後P社個別貸借対照表

諸資産	11,500	諸負債	5,400
		資本金	2,000
		資本剰余金	220
		繰越利益剰余金	3,880

◇ ポイント ◇ ···

　子会社を吸収合併する場合，親会社は，親会社持分と非支配株主持分に分けて会計処理を行うことが必要です。

··

ケース　合併

㉛ グループ外企業との合併による子会社の非連結化

　子会社の分離手法として，合併については，例えば自社の有する子会社を他社と合併させ，合併対価として取得する株式の持分割合を過半数未満とすることによって連結子会社から除外することがあります。

　この場合の親会社の会計処理としては，被結合企業の株主としての会計処理を行うこととされ（事業分離会計基準38），受取対価の種類や被結合企業との資本関係に基づき会計処理が定められています。合併により子会社を分離させる場合の受取対価・資本関係のパターンは，下表のように分類されます。

【子会社を被結合企業とする合併を行う場合における会計処理】

対価	結合前	結合後	被結合企業の株主の会計処理 ^(注)	
			個　別	連　結
株式のみ	子会社	子会社	従来の子会社株式の株式交換日直前の適正な帳簿価額に基づいて計上する（企業結合・事業分離適用指針273(1)）。	• 合併当事会社のうち，新たに取得した会社に係る株主持分の増加額と，分離した会社に係る株主持分の減少との間に生じる差額を資本剰余金に計上する（企業結合・事業分離適用指針273(2)）。
		関連会社	子会社株式から関連会社株式に帳簿価額で振り替える（企業結合・事業分離適用指針275(1)）。	• 合併当事会社のうち，新たに取得した会社に係る株主持分の増加額と，分離した会社に係る株主持分の減少との間に生じる差額をのれんと持分変動損益に区分して処理する（企業結合・事業分離適用指針275(2)①②）。 • 連結から持分法へ修正す

				る（企業結合・事業分離適用指針275(2)）。
		その他	その他有価証券に時価で振り替え，交換損益を認識する（企業結合・事業分離適用指針276(1)）。	連結除外し，個別上の帳簿価額で評価する（企業結合・事業分離適用指針276(2)）。
株式および現金	子会社	子会社または関連会社	「受け取った現金＞子会社株式の株式交換日直前の適正な帳簿価額」の場合は，当該差額を交換利益として認識し，受け取った株式の取得原価をゼロとする。「受け取った現金＜子会社株式の株式交換日直前の適正な帳簿価額」の場合は，当該差額を受け取った株式の取得原価とする（いずれも企業結合・事業分離適用指針282(1)，252，結合後企業との関係が関連会社の場合は282(2)，105(1)）。	（株式のみを対価とする場合における会計処理から追加されるもののみを記載）個別上認識した交換利益を未実現利益に準じて消去する（企業結合・事業分離適用指針282(1)，253，結合後企業との関係が関連会社の場合は282(2)，105(2)）。
		その他	受け取った現金および株式の時価で振り替え，交換損益を認識する（企業結合・事業分離適用指針282(3)，106）。株式の時価は，合併消滅会社の株式の時価と合併会社の株式の時価のうち，より高い信頼性をもって測定可能な時価を用いる（企業結合・事業分離適用指針106）。	連結除外し，個別上の帳簿価額で評価する（企業結合・事業分離適用指針282(3)また書き）。
現金のみ	子会社	－	合併により現金の交付を受け，子会社の株主でなくなることから，個別および連結上いずれも株式の全部売却の会計処理を行う（企業結合・事業分離適用指針269，事業分離会計基準35および16）。	

（注）　結合企業は外部の第三者とする。

設例

前提条件

　P社は，100％子会社であるS社を有している。外部のR社はS社を吸収合併し，合併対価としてR社株式（時価3,000）をP社に発行した。その結果，P社はR社の発行済株式総数の20％を保有することになり，R社を関連会社とした。

　S社およびR社の合併期日直前の貸借対照表は以下のとおりである。

S社貸借対照表

諸資産	1,700	諸負債	300
		資本金	1,000
		繰越利益剰余金	400

（注1）　P社はS社を設立および出資しており，P社におけるS社株式簿価は1,000である。
（注2）　S社の繰越利益剰余金はすべてP社取得後に生じたものである。
（注3）　S社株式の時価は3,000である。

R社貸借対照表

諸資産	10,300	諸負債	500
土地	200	資本金	7,000
		繰越利益剰余金	3,000

（注1）　土地の時価は500である。
（注2）　R社株式の時価は12,000である。

【スキーム図】

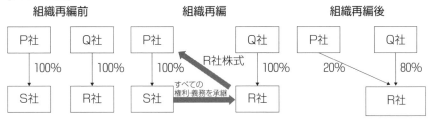

会計処理

　P社の会計処理は以下のようになります。

(1) 個別財務諸表上の会計処理

（合併時）

（借） 関連会社株式（R社）	(※1)1,000	（貸） 子会社株式（S社）	1,000

（※1） 子会社株式から関連会社株式に帳簿価額で振り替える（企業結合・事業分離適用指針275(1)）。

(2) 連結財務諸表上の会計処理

（開始仕訳）

（借） 資　本　金	1,000	（貸） 子会社株式（S社）	1,000

（開始仕訳の振り戻し）

（借） 子会社株式（S社）	1,000	（貸） 資　本　金	1,000

（持分変動）

（借） 関連会社株式（R社）	1,280	（貸） 持 分 変 動 損 益	(※1)1,280

（※1） 分離元企業の事業が移転されたとみなされる額2,400① − 移転した事業にかかる分離元企業の持分の減少額1,120②=1,280
① S社株式の時価3,000×持分減少割合80％
② S社株主資本簿価1,400×持分減少割合80％

（のれんの計上）

仕訳なし(※1)。

（※1） 持分法適用会社の場合，のれんは投資簿価に含まれるため，会計処理は生じない。
のれん相当額は，分離先企業に対して投資したとみなされる額2,400① − 分離元企業の持分増加額2,060②=340と算定され，償却していく必要がある。
① R社株式の時価12,000×持分取得割合20％
② R社時価純資産10,300（簿価純資産10,000＋土地評価差額300）×持分取得割合20％

（持分法適用に伴う過年度稼得利益剰余金の振替）

（借） 関連会社株式（R社） (※1)	400	（貸） 利 益 剰 余 金	400

（※1） P社によるS社の支配獲得後に稼得された利益剰余金を持分法適用時に関連会社株式簿価に加算する（資本連結実務指針45）。

　上記仕訳の結果，関連会社株式簿価合計は2,680となり，内訳はS社簿価純資産の持分見合額280①，R社時価純資産の持分見合額2,060②，のれん相当額340③から構成されています。

①　S社簿価純資産1,400×持分取得割合20%

②　（R社簿価純資産10,000＋土地評価差額300（＝500－200））×持分取得割合20%

③　上記（のれんの計上）参照

　なお，P社によるR社への持分法適用にあたって，P社によるS社への投資は継続していることから，R社がS社を合併する際におけるS社の資産および負債に係る時価評価仕訳を戻すとともに，R社の資産および負債に係る時価評価仕訳を追加する必要があります。

> **ポイント**
>
> ....
>
> 　合併により子会社の持分比率が減少し，引き続き子会社となる場合または関連会社となる場合には，連結上は子会社の持分売却と，他社持分の取得に分けて会計処理を行う必要があります。
>
> ....

㉜ 表明保証違反による売買価額の減額

　表明保証とは，契約当事者の一方が他方の当事者に対し，契約内容や契約の前提条件となる事実関係について真実かつ正確であることを表明し，その内容について保証を行うことをいいます。M&Aにおける表明保証は，デューデリジェンスにより定量化できないような偶発債務がM&A実行後に生じるリスクを回避するために，売り手から買い手に対する表明保証条項として，一般的または個別具体的に契約書に記載されることがあります。

　例えば，契約時に調査中である税務調査の結果に基づく追徴課税や係争中の訴訟に係る損害賠償金などの偶発債務について，その発生可能性や金額の合理的な算定が困難であることから分離対象の適正な帳簿価額には反映されていない場合，買い手としても，それを売買価額に反映させることが困難です。そこで，偶発債務の不確実性をカバーするために，売り手に偶発債務が存在しないことを契約書の表明保証条項に記載します。

　表明保証違反となった場合における会計処理としては，表明保証の対象となる事象の発生時に契約上の補償額を計上します。通常，売り手は事業分離の会計処理を行うにあたり，事業分離日に分離対象の資産および負債の帳簿価額は一般に公正妥当と認められる企業会計の基準に準拠した適正な帳簿価額となるように会計処理を行いますが（事業分離会計基準10），必ずしも表明保証の対象となる事象について引当金等の会計処理がなされていないことが想定されます。そのため，表明保証違反が発生した場合は，当該事象の発生により求められる補償額を計上することが求められます。

　もちろん，会計処理の誤りによる債務の計上漏れであれば，事業分離時において分離対象事業の資産および負債が適正な帳簿価額により計上されていなかった点で，事業分離時の会計処理を訂正することとなります。

設例

前提条件

　P社（3月決算）は，X1年4月1日にP社の事業の一部を現金1,000で外部のQ社に売却した。事業譲渡契約書において，P社はQ社に対し，譲渡事業に簿外債務が存在しないとする表明保証が付された。

　X2年3月に，Q社において当局の税務調査により，当該事業に関連してP社の事業であったX1年3月期において納税額が100過少であったことが発覚し，Q社は追徴された税金100を納めた。Q社はP社との交渉の結果，表明保証違反による補償金が100と決定し，P社はQ社に対して当該補償金100をX2年4月に支払った。

　なお，追徴された税金は見解の相違によるものであり，分離時における譲渡事業に係る会計数値の修正は不要である。

会計処理

　P社の会計処理は以下のようになります。

（X2年3月期）

| (借) 支払補償金 | 100 | (貸) 未 払 金 | 100 |

（X3年3月期）

| (借) 未 払 金 | 100 | (貸) 現金預金 | 100 |

ポイント

　表明保証違反による売買価額の減額調整は，表明保証の対象となる事象の発生時に補償額を債務計上します。

❸❸ アーンアウト条項による売買価額の調整

　条件付売却対価とは，企業結合の契約上，将来の特定の事象または取引の結果により，企業結合日後に追加的に受け取るまたは返還する対価をいい，買い手側目線で定義されている条件付取得対価（企業結合会計基準（注2））を売り手目線で示したものです。

　条件付対価を定める背景には，売買価格の基礎となる将来の業績予想には売り手と買い手の情報量に格差があることや，将来の事業には不確実性があること等から，両者の期待する売買価格に乖離が生じることがあります。そのため，キーとなる指標（例えば，売上，税引前当期純利益，EBITDAなど）を定め，その指標をクリアした場合に売り手は売買対価を追加的に受け取る，またはクリアできなかった場合に売り手は売買対価を返還すること等を企業結合契約に織り込むことにより（アーンアウト条項），双方の期待に沿った売買対価とすることが可能となります。買い手は，業績予想の未達リスクを緩和でき，売り手は売却によるキャッシュ・フローの最大化を目的に業績予想の達成に向けモチベーションを高く維持して引き続き経営に関与するインセンティブとなり，それぞれにメリットをもたらすことが期待されます。

　現金など，被結合企業の株式と明らかに異なる資産を対価として受け取る場合には，投資が清算されたとみなされますが，企業結合後においても，売り手の重要な継続的関与があり，移転した株式に係る成果の変動性を従来と同様に負っている場合には，投資が清算されたとみなされず，移転損益は認識されません（事業分離会計基準10(1)）。

　そのため，アーンアウト条項に基づく事後的な売買対価の追加受取りまたは返還に係る会計処理についても，企業結合後において売り手による重要な継続的関与が続いていると認められる場合には移転損益は認識されず，その事後的な調整額が決定され，かつ，関与がなくなった時点で移転損益が計上されます（ケース⓬「分離先企業に対する継続的関与がある場合の会計処理」参照）。

　なお，「将来の特定の事象または取引の結果に依存する」とありますので，

例えば，企業結合前から係争中であった訴訟の判決が確定したことに伴う損害賠償金の支払いについては，過去の事象に起因して発生した損失であるため，条件付売却対価には該当せず，一般的には表明保証条項で補償されるかを検討します。その場合の会計処理は，ケース❷「表明保証違反による売買価額の減額」に基づき行われます。

設例

前提条件

　P社は，X1年3月31日に子会社であるS社の株式を外部のQ社に売却し，売却対価として現金10,000を受け取った。株式譲渡契約上，「追加的な売却対価としてX4年3月期にS社が営業利益1,000を達成した場合，Q社はP社に2,000支払う」というアーンアウト条項が付されている。

　X4年3月期において，S社の営業利益は1,200となり，アーンアウト条項を達成したため，Q社はP社に対して2,000支払った。

　P社は，子会社株式の売却について，金融商品の消滅の認識要件（金融商品会計基準9）を満たしていることから，X1年3月期に子会社株式売却損益を計上している。なお，アーンアウト条項が達成された場合にP社が追加して対価を受け取ることができる権利については，金融資産の消滅に伴い新たに発生した資産（金融商品会計実務指針36）と考えられ，時価により計上することとなる（金融商品会計実務指針37）が，本設例ではその時価をゼロとする。

会計処理

　P社の個別財務諸表上の会計処理は以下のようになります。
（条件付対価の確定時）

（借）現 金 預 金	2,000	（貸）条 件 付 対 価 受 取 益（P/L）	2,000

> **ポイント** ···
>
> 　アーンアウト条項に基づく会計処理について，買い手側ではのれんの変動により調整されますが，売り手側では損益処理となる点，対称関係とはならないことに注意が必要です。
> ···

ケース　その他

❸❹　売り手の財務諸表における注記内容

1 ┃ 事業分離元企業における開示

　売り手が特定の事業を他社に移転するため事業譲渡や会社分割等を行った場合（共通支配下の取引や共同支配企業の形成を除く），重要性が乏しい場合を除き一定の事項を注記する必要があります（事業分離会計基準28）。

(1)　注記事項の内容

(1)　事業分離の概要
　　①　分離先企業の名称
　　②　分離した事業の内容
　　③　事業分離を行った主な理由
　　④　事業分離日
　　⑤　法的形式を含む取引の概要
(2)　実施した会計処理の概要（事業分離会計基準18項(2)なお書きおよび24項(2)なお書きにより認識された段階取得に係る損益の金額を含む）
(3)　セグメント情報の開示において，当該分離した事業が含まれていた区分の名称
(4)　当期の（連結）損益計算書に計上されている分離した事業に係る損益の概算額
(5)　分離先企業の株式を子会社株式または関連会社株式として保有すること以外で分離元企業の継続的関与があるにもかかわらず，移転損益を認識した場合，当該継続的関与の主な概要。ただし，軽微なものについては注記を省略することができる。

　なお，個々の取引については重要性が乏しいが，事業分離年度における取引全体について重要性がある場合には，(1)および(2)について，取引全体で注記します。また，連結財務諸表における注記と個別財務諸表における注記が同じとなる場合には，個別財務諸表においては，連結財務諸表にその注記がある旨の記載をもって代えることができます。

(2) 事業分離企業における開示例

（企業結合等関係）

■■■の製造販売事業に関する会社分割及び株式譲渡

　当社の×××セグメントの連結子会社である○○㈱（以下，「○○」）が，○○の完全子会社として新たに設立した㈱△△（以下，「△△」）に対して，○○が行っている■■■の製造販売事業（以下，「本事業」）を吸収分割（以下，「会社分割」）の方法で承継させた上で，当該△△の全株式を，□□㈱の完全子会社である□□□㈱（以下，「□□□」といい，□□㈱と合わせて以下，「□□グループ」）に譲渡すること（会社分割と合わせて以下，「本取引」）を×××1年9月18日の取締役会において決議しました。これに基づき，×××2年1月6日に本取引を実施しました。

(1)　事業分離の概要

　①　会社分割による事業分離先企業の名称及び株式譲渡先企業の名称

　　イ．会社分割による事業分離先企業の名称　　　△△

　　ロ．株式譲渡先企業の名称　　　□□□

　②　分離した事業の内容

　　　■■■の製造販売事業

　③　事業分離を行った主な理由

　　　○○の本事業は，自社開発した有望な4つの●●により海外展開を目指しており，さらなる成長のためには，積極的な投資が欠かせない状況であります。一方で，○○は，▲▲領域のトップメーカーであり，未だ終息の兆しが見えないコロナ禍において，×××事業の事業基盤の強化と新薬の創出に向けた経営資源の集中が急務となっております。

　　　このような状況を踏まえ，A分野で豊富な実績と経営資源を持ち，本事業の成長戦略を尊重する□□グループに本事業を譲渡して手許資金を確保し，×××事業に経営資源の集中を図るため本取引を実行しました。

　④　事業分離日

　　イ．会社分割日　　×××2年1月6日

　　ロ．株式譲渡日　　×××2年1月6日

　⑤　法的形式を含むその他取引の概要に関する事項

　　イ．会社分割　　　○○を吸収分割会社とし，△△を吸収分割承継会社とする吸収分割方式（簡易・略式吸収分割）

　　ロ．株式譲渡　　　受取対価を現金等の財産のみとする株式譲渡

(2)　実施した会計処理の概要

　①　移転損益の金額

　　　関係会社株式売却益　　　32,703百万円

　② 移転した事業に係る資産および負債の適正な帳簿価額並びにその主な内訳

流動資産	6,185百万円
固定資産	3,884百万円
資産合計	10,069百万円
流動負債	1,378百万円
固定負債	860百万円
負債合計	2,238百万円

　③ 会計処理

　株式譲渡契約に基づき，価額調整後の株式の譲渡価額から移転した事業に係る株主資本相当額等との差額を移転損益として認識しております。

(3) 分離した子会社の事業が含まれていた報告セグメント

　×××

(4) 当連結会計年度の連結損益計算書に計上されている分離した事業に係る損益の概算額

売上高	3,206百万円
営業損益	△1,343百万円

---

2 ｜ 結合当事企業の株主における開示

　売り手が子会社を分離・売却するため，株式譲渡や吸収合併，株式交換等を行ったことにより，売り手の子会社に該当しなくなった場合には，その企業結合日の属する連結会計年度において，連結財務諸表上，以下の事項を注記することが求められています（事業分離会計基準54）。

(1) 注記事項の内容

(1) 子会社が行った企業結合の概要
　① 各結合当事企業の名称
　② その事業の内容
　③ 企業結合を行った主な理由
　④ 企業結合日
　⑤ 法的形式を含む取引の概要

(2)　実施した会計処理の概要（事業分離会計基準第44項に定める段階取得に準じた処理の結果認識された損益の金額を含む。）

(3)　セグメント情報の開示において，当該結合当事企業が含まれていた区分の名称

(4)　当期の連結損益計算書に計上されている結合当事企業に係る損益の概算額

(5)　結合後企業の株式を関連会社株式として保有すること以外で結合当事企業の株主の継続的関与があるにもかかわらず，交換損益を認識した場合，当該継続的関与の主な概要。ただし，軽微なものについては注記を省略することができる。

　なお，重要性が乏しい取引については，注記を省略することができるものとし，個々の取引については重要性が乏しいが，連結会計年度における取引全体について重要性がある場合には，(1)および(2)を当該取引全体で注記します。

(2)　結合当事企業の株主の開示例

（企業結合関係）

　子会社の企業結合

　当社及び当社の連結子会社である○○株式会社は，2018年4月26日開催の取締役会において，○○株式会社の子会社である株式会社△△と□□株式会社の合併について決議し，×××8年7月1日付で□□株式会社を存続会社とする吸収合併を行いました。

　これに伴い，株式会社△△を連結の範囲から除外しています。

(1)　子会社が行った企業結合の概要

①　結合当事企業の名称及びその事業の内容

結合企業の名称：□□株式会社

事業の内容：不動産仲介業等

被結合企業の名称：株式会社△△（○○株式会社が株式の100％を保有しています。）

事業の内容：■■■式駐車場の企画・管理・運営

②　企業結合を行った主な理由

　当社グループは，経営理念「世界中の人々へやさしい未来をつむぐ」の実現に向けて，ホーム＆パーソナルケア事業や板紙・段ボール事業など，成長分野へ重点的に経営資源を投入し，選択と集中による持続的な成長を図っていく方針です。

　株式会社△△は，東京都を中心に全国●事業地，●車室（×××8年1月末時点）を有する駐車場運営事業を行っており，これまで「●●」ブランドとして土地オーナー，駐車場ユーザー，地域社会に貢献する事業運営を継続してい

ました。

　株式会社△△の属するパーキング業界は，今後も成長が予想される業界である一方，競争環境は厳しさを増してきています。そのような業界環境の中で，株式会社△△の駐車場運営事業が継続して発展するためには，パーキング業界に精通する新たなパートナーが必要であるとの認識の下，検討を進めていました。

　広範な不動産ネットワークを有する□□株式会社は，株式会社△△の事業を今後も継続して発展させていくための最適なパートナーであると判断し，本合併を実施することにしました。

③　企業結合日

　　×××8年7月1日

④　法的形式を含む取引の概要

　　□□株式会社を吸収合併存続会社，株式会社△△を吸収合併消滅会社とし，現金を対価とする吸収合併。

(2)　実施した会計処理の概要

「事業分離等に関する会計基準」（企業会計基準第7号　2013年9月13日）及び「企業結合会計基準及び事業分離等会計基準に関する適用指針」（企業会計基準適用指針第10号　2013年9月13日）に基づき，会計処理を行っています。株式会社△△株式の連結上の帳簿価額と受取対価との差額を「企業結合における交換利益」として特別利益に計上しています。

(3)　子会社が含まれていた報告セグメントの名称

　　その他

(4)　連結会計年度に係る連結損益計算書に計上されている子会社に係る損益の概算額

　　売上高　　　　　　　325百万円

　　営業利益　　　　　　32百万円

(5)　親会社が交換損益を認識した子会社の企業結合において，当該子会社の株式を関連会社株式として保有する以外に継続的関与がある場合には，当該継続的関与の概要

　　該当事項はありません。

3 | 共通支配下の取引に該当する場合の開示

　売り手が行った事業や子会社株式の売却が，売り手と同一グループの子会社や孫会社等に対して行われる場合，共通支配下の取引に該当することになります。このような場合には，以下の事項を注記する必要があります（企業結合会計基準52）。

(1) 注記事項の内容

(1) 企業結合の概要
  ① 結合当事企業または対象となった事業の名称及びその事業の内容
  ② 企業結合日
  ③ 企業結合の法的形式
  ④ 結合後企業の名称
  ⑤ 取引の目的を含む取引の概要
(2) 実施した会計処理の概要
(3) 子会社株式を追加取得した場合には，取得原価の算定に関する以下の事項
  ① 追加取得した子会社株式の取得原価及び対価の種類ごとの内訳
  ② 株式を交付した場合には，株式の種類別の交換比率及びその算定方法並びに交付または交付予定の株式数
  ③ 企業結合契約に定められた条件付取得対価の内容及びそれらの今後の会計処理方針
(4) 非支配株主との取引に係る親会社の持分変動に関する事項
  非支配株主との取引によって増加または減少した資本剰余金の主な変動要因及び金額

※(4)については個別財務諸表においては注記は不要です。

　なお，個々の共通支配下の取引等については重要性が乏しいが，企業結合年度における複数の共通支配下の取引等全体では重要性がある場合には，企業結合全体で注記するものとし，連結財務諸表における注記と個別財務諸表における注記が同じとなる場合には，個別財務諸表においては，連結財務諸表にその注記がある旨の記載をもって代えることができます。

(2)　共通支配下の取引に関する開示例

（企業結合等関係）
会社分割
　当社は，×××1年4月1日付で，当社の住設関連事業を会社分割（簡易吸収分割）により当社の完全子会社である□□株式会社に承継しております。

(1)　取引の概要
①　対象となった事業の内容
　　当社のプラスチック製雨どいを始めとした住設関連事業
②　会社分割日
　　×××1年4月1日
③　会社分割の法的形式
　　当社を分割会社，□□株式会社を承継会社とする吸収分割（簡易吸収分割）
④　会社分割後の企業の名称
　　□□株式会社は，当社の住設事業の承継に伴い，同日付で○○株式会社に商号を変更しております。
⑤　その他取引の概要に関する事項
　　当社は，×××8年4月よりスタートした経営計画「●●●」において，基盤事業のスペシャリティー化を成長戦略のひとつに位置付け，外部環境の影響を受けにくいスペシャリティーグレードの比率拡大やソリューションビジネスへのシフトを進めております。
　　本会社分割は，この達成に向けた取り組みの一環として，当社の■■■を始めとした住設関連事業と，金属雨どいの製造・販売会社である完全子会社の□□株式会社を統合するものであります。
　　a.　会社分割の目的
　　　• 住設関連事業の人財融合による営業力強化
　　　• 住設関連市場における新規事業の立ち上げ，ならびに多様な素材を活用した新製品の開発
　　b.　会社分割に係る割り当ての内容
　　　本会社分割は，完全親子会社間において行われるため，本会社分割に際して，株式の割り当て，その他対価の交付はありません。
(2)　会計処理の概要
　「企業結合に関する会計基準」（企業会計基準第21号　2019年1月16日）及び「企業結合会計基準及び事業分離等会計基準に関する適用指針」（企業会計基準適用指針第10号　2019年1月16日）に基づき，共通支配下の取引として会計処理を実施しております。

4 後発事象となる場合の開示

　上述した事業譲渡や子会社株式の売却等について，貸借対照表日後に売却等が完了した場合または貸借対照表日後に主要条件が合意された企業結合が，重要な後発事象に該当する場合には，売り手は企業結合および事業分離が行われた場合に求められる注記に準じて，重要な後発事象の注記を行う必要があります（企業結合会計基準55，事業分離会計基準30，56）。ただし，未確定事項については注記を行う必要はないと考えられます。

　また，当事業年度中に企業結合または事業分離の主要条件が合意されたが，貸借対照表日までに企業結合または事業分離が完了していない場合（ただし，重要な後発事象に該当する場合を除く）についても，これらに準じて注記を行う必要があります（企業結合会計基準55また書き，事業分離会計基準30また書き，56また書き）。

後発事象における開示例

（重要な後発事象）
　（事業の譲渡）
　　当社は，×××2年4月1日に，当社及び○○株式会社の■■■用計器事業を△△株式会社に譲渡しました。
　1．事業分離の概要
　（1）　分離先企業の名称　　△△株式会社
　（2）　分離した事業の内容　■■■用計器事業
　（3）　事業分離を行った主な理由
　　　当社は，中期経営計画「●●●」の下，×××，×××，×××の3つの分野に注力し新たな価値の創造を目指す一方で，△△株式会社は，当社の保有する■■■用計器の技術とノウハウ，及びお客様基盤などの活用による，両社の持つ技術資産を掛け合わせた新製品の開発や新たな市場開拓の可能性に着目しています。こうした背景から，当事業の持続的な成長に対する両社の考えが一致し，当社の■■■用計器事業を譲渡することとしました。
　（4）　事業分離日　　　×××2年4月1日
　（5）　法的形式を含むその他取引の概要に関する事項

　　受取対価を現金等の財産のみとする事業譲渡
2．実施した会計処理の概要
(1)　移転損益の金額
　　移転損益　　　　　　　－百万円
　　　なお，当連結会計年度において，事業譲渡に係る移転損益及び事業譲渡に関連するその他費用1,390百万円を，特別損失の事業構造改善費用に含めて計上しております。
(2)　移転した事業に係る資産および負債の適正な帳簿価額並びにその主な内訳

流動資産	1,443百万円
固定資産	39百万円
資産合計	1,483百万円

(3)　会計処理
　　　「事業分離等に関する会計基準」（企業会計基準第7号　2013年9月13日）及び「企業結合会計基準及び事業分離等会計基準に関する適用指針」（企業会計基準適用指針第10号　2019年1月16日）に基づき処理を行っております。
3．分離した事業が含まれていた報告セグメント　　　×××事業
4．当連結会計年度の連結損益計算書に計上されている分離した事業に係る損益の概算額

	累計期間
売上高	4,871百万円
営業利益	△1,034百万円

筆者注：事例については一部修正して掲載しています。

コラム 4 会社法に基づく計算書類等における開示

　会社法に基づく計算書類等においては，事業譲渡や株式分割，子会社株式の売却等の重要な企業結合や事業分離が行われた場合，重要な後発事象などの一部の事項を除き，企業結合または事業分離に関する注記は求められていません（会計規98）。しかし，会社計算規則は，会社の区分に応じて注記表に記載すべき具体的な項目が掲げられているものの，あくまで最低限の項目を列挙したものと考えられるため，会計基準等が要求しているもの，あるいは財務諸表等規則等で規定されている計算書類を理解するうえで重要な事項については，会社法上も必要に応じて追加情報の注記として記載することが求められます（会計規116）。したがって，売り手の実施した企業結合や事業分離が企業または企業集団の財産または損益の状態を正確に判断するために必要な事項と判断する場合には，事業分離会計基準などに掲げられている注記事項を参考にして追加情報の注記を記載することが考えられます。

　なお，事業報告においては，重要な事業譲渡や吸収分割または新設分割，株式譲渡を行った場合には，「重要な企業結合等の状況」として，開示することが求められています（会施規120Ⅰ五ハ，ヘ）。

コラム
5

期末日後に子会社株式売却損が発生する場合における直前事業年度の会計処理

　財務諸表の作成担当者は社内決算締日以降も後発事象に頭を悩ませることが少なくありません。本書では，主に「売る」側の企業の会計処理を解説しており，多くの設例では期末日に「売る」取引がなされていますが，期末日後間もない時点で「売る」こともあります。M&Aや組織再編は，当事者の縁あってのイベントですので，後発事象にならないようにといった願いのように，実行の時期を自社の都合で選べるわけではありません。

　では，期末日前に株式譲渡契約を締結し，期末日後から財務諸表の確定日（＝会計監査人による監査報告書の提出日）までに子会社株式を取得原価未満で売却し損失が発生する場合における直前事業年度の会計処理はどのようになるのでしょうか。

1．個別財務諸表上の会計処理

　市場価格のない子会社株式については，財政状態の悪化により実質価額が取得原価に比べて著しく（50％程度以上）低下した場合，評価損の計上が求められています（金融商品会計基準21，金融商品会計実務指針92）。通常，実質価額は1株当たり純資産額に所有株式数を乗じることにより算定され，さらに会社の超過収益力や経営権等を反映させる場合があります。このため，契約で締結された売却価額が取得原価よりも著しく低い価額の場合には，売却価額を期末時の実質価額に反映させて検討する必要があります。

　一方，売却価額が取得原価の50％以上，100％未満となる場合，実質価額の著しい低下に該当せず，会計処理の明確な取扱いがありません。ただし，会計基準では収益性が低下した資産については帳簿価額を何らかの方法で切り下げることになっているとの考え方が示されている（「棚卸資産の評価基準に関する論点の整理」（企業会計基準委員会）20）ことや，固定資産の減損会計でも減損の存在が相当程度に確実な場合に減損処理を行う背景に，将来キャッシュ・フローが約定されている金融資産とは異なることを挙げており（減損意見書2.(2)①），期末日後に移転対価が確定し事業分離が完了していることを勘案すると，個別財務諸表において，取得価額と売却価額との差額につき子会社株式に係る評価損が計上されると考えられます。

2．連結財務諸表上の会計処理

　仮に，個別財務諸表上，子会社株式について評価損を計上した場合には，資本連結にあたり，評価損を振り戻したうえで，投資と資本の相殺仕訳が行われ

ます。
　また，連結財務諸表上，子会社株式の譲渡契約の締結より見込まれる損失を計上する必要があるかについては，引当金の4要件（企業会計原則注18）に照らして判断されると考えられます。

【編集および執筆者】

中川　寛将

公認会計士。第3事業部に所属。
主に，製造業，外食業，不動産業等の監査業務に従事。また，EYトランザクション・アドバイザリー・サービス株式会社（現 EYストラテジー・アンド・コンサルティング株式会社）に在籍中に多様な業種にわたるM&Aや企業組織再編に伴う財務デュー・ディリジェンスや会計ストラクチャリングを中心とした幅広いアドバイザリー業務を数多く実施。編集・共著に『M&A・組織再編会計で誤りやすいケース35』（中央経済社），共著に『医薬品ビジネスの会計ガイドブック』（中央経済社）がある。このほかに雑誌への寄稿も行っている。

【執筆者】（五十音順）

久保　慎悟

公認会計士，公益社団法人日本証券アナリスト協会認定アナリスト（CMA）。品質管理本部会計監理部に所属（FAAS事業部を兼務）。
公認会計士試験合格後，大手資格試験予備校における財務会計論講師を経て，現職。食品業，投資業，情報通信業等の監査業務およびアドバイザリー業務に従事する傍らで，会計処理および開示に関して相談を受ける業務，ならびに研修・セミナー講師を含む会計に関する情報提供等の業務に従事。共著として，『M&A・組織再編会計で誤りやすいケース35』，『現場の疑問に答える会計シリーズ7　Q&A純資産の会計実務』（いずれも中央経済社）など，雑誌寄稿として「12月決算の直前対策『企業結合後の決算に係る注記のポイント』」（『旬刊経理情報』No.1664），「ケーススタディで理解する『組織再編の会計処理』【第12回・完】」（『旬刊経理情報』No.1567）（いずれも中央経済社）などがある。

佐藤　範和

公認会計士。FAAS事業部に所属。
主に海運業，医薬品等製造業，電気機器製造業の監査業務に従事ののち，FAAS事業部にて国内大手不動産業に係る決算・予算業務，事業再編やM&A，海外関連の案件に係る会計アドバイザリー業務に従事。その傍ら，法人ウェブサイト「企業会計ナビ」のメンバーとして会計情報の発信も行っている。

西尾　拓也

公認会計士，公益社団法人日本証券アナリスト協会検定会員。第3事業部に所属。
大手半導体製造業，民生品製造業等の日本基準および米国基準による監査業務，内部統制助言業務や上場準備支援業務のほか，日本公認会計士協会 実務補習所運営委

員会 副委員長や実務補習所カリキュラム・教材検討委員会の委員を務め後進育成にも従事している。
共著として，『M&A・組織再編会計で誤りやすいケース35』，『電器産業の会計・内部統制の実務』，『取引手法別 資本戦略の法務・会計・税務』（いずれも中央経済社）などがある。

細川　貴志

公認会計士，貸金業務取扱主任者。FAAS事業部に所属。
大手総合電機メーカーおよびグループ子会社にて監査業務のほかJ-SOX導入支援業務や会計指導業務等のアドバイザリー業務を経験後，金融機関に出向し，与信審査業務や複数のファイナンス実務を経験し，その後，現事業部に所属。主に，大手商社やテクノロジー業界のIFRSコンバージョン支援やM&Aを含む連結決算支援業務等に従事。雑誌寄稿として『旬刊経理情報』（2007年5/10・20号および8/20・9/1号（中央経済社），共著として『M&A・組織再編会計で誤りやすいケース35』（中央経済社）がある。

【編者紹介】

EY | Building a better working world

EY新日本有限責任監査法人について
EY新日本有限責任監査法人は，EYの日本におけるメンバーファームであり，監査および保証業務を中心に，アドバイザリーサービスなどを提供しています。
詳しくはey.com/ja_jp/people/ey-shinnihon-llcをご覧ください。

EYは，「Building a better working world ～より良い社会の構築を目指して」をパーパス（存在意義）としています。クライアント，人々，そして社会のために長期的価値を創出し，資本市場における信頼の構築に貢献します。
150カ国以上に展開するEYのチームは，データとテクノロジーの実現により信頼を提供し，クライアントの成長，変革および事業を支援します。
アシュアランス，コンサルティング，法務，ストラテジー，税務およびトランザクションの全サービスを通して，世界が直面する複雑な問題に対し優れた課題提起（better question）をすることで，新たな解決策を導きます。
EYとは，アーンスト・アンド・ヤング・グローバル・リミテッドのグローバルネットワークであり，単体，もしくは複数のメンバーファームを指し，各メンバーファームは法的に独立した組織です。アーンスト・アンド・ヤング・グローバル・リミテッドは，英国の保証有限責任会社であり，顧客サービスは提供していません。EYによる個人情報の取得・利用の方法や，データ保護に関する法令により個人情報の主体が有する権利については，ey.com/privacyをご確認ください。EYのメンバーファームは，現地の法令により禁止されている場合，法務サービスを提供することはありません。EYについて詳しくは，ey.comをご覧ください。

本書は一般的な参考情報の提供のみを目的に作成されており，会計，税務およびその他の専門的なアドバイスを行うものではありません。EY新日本有限責任監査法人および他のEYメンバーファームは，皆様が本書を利用したことにより被ったいかなる損害についても，一切の責任を負いません。具体的なアドバイスが必要な場合は，個別に専門家にご相談ください。
ey.com/ja_jp

ケースでわかる
売り手からみたM&A・組織再編の会計実務

2023年4月15日　第1版第1刷発行

<table>
<tr><td>編　者</td><td>EY新日本有限責任監査法人</td></tr>
<tr><td>発行者</td><td>山　本　　　　継</td></tr>
<tr><td>発行所</td><td>㈱中央経済社</td></tr>
<tr><td>発売元</td><td>㈱中央経済グループ
パブリッシング</td></tr>
</table>

〒101-0051　東京都千代田区神田神保町1-31-2
電　話　03（3293）3371（編集代表）
　　　　03（3293）3381（営業代表）
https://www.chuokeizai.co.jp/

製　版／三英グラフィック・アーツ㈱
印　刷／三　英　印　刷　㈱
製　本／㈲　井　上　製　本　所

© 2023 Ernst & Young ShinNihon LLC.
All Rights Reserved
Printed in Japan